ODIOUS OCEANS
BY ANITA GANERI

Text Copyright © Anita Ganeri, 1999
Illustrations Copyright © Mike phillips, 1999
Cover Illustration Copyright © Martin Aston, 1999
Translation Copyright © Gimm-Young Publishers, Inc., 1999
All rights reserved.

This Korean language edition is published by arrangement with
Scholastic Ltd., London through Eric Yang Agency, Seoul.

바다가 바글바글

애니타 개너리 글 | 마이크 필립스 그림 | 이명연 옮김
안희수(서울대학교 지구과학교육과 교수) 추천

주니어김영사

바다가 바글바글

1판 1쇄 인쇄 | 1999. 8. 2.
개정 1판 1쇄 발행 | 2019. 12. 5.

애니타 개너리 글 | 마이크 필립스 그림 | 이명연 옮김

발행처 김영사 | 발행인 고세규
등록번호 제 406-2003-036호 | 등록일자 1979. 5. 17.
주소 경기도 파주시 문발로 197(우10881)
전화 마케팅부 031-955-3100 | 편집부 031-955-3113~20 | 팩스 031-955-3111

값은 표지에 있습니다.
ISBN 978-89-349-9879-2 74080
ISBN 978-89-349-9797-9 (세트)

좋은 독자가 좋은 책을 만듭니다. 김영사는 독자 여러분의 의견에 항상 귀 기울이고 있습니다.
독자의견전화 031-955-3139 | 전자우편 book@gimmyoung.com
홈페이지 www.gimmyoungjr.com | 어린이들의 책놀이터 cafe.naver.com/gimmyoungjr

이 책의 한국어판 저작권은 EYA(Eric Yang Agency)를 통한 Scholastic Limited사와의 독점
계약으로 ㈜김영사에 있습니다.
저작권법에 의해 한국 내에서 보호를 받는 저작물이므로 무단전재와 무단복제를 금합니다.

이 도서의 국립중앙도서관 출판시도서목록(CIP)은 서지정보유통지원시스템
홈페이지(http://seoji.nl.go.kr)와 국가자료공동목록시스템(http://www.nl.go.kr/kolisnet)에서
이용하실 수 있습니다. (CIP제어번호 : CIP2019031943)

어린이제품 안전특별법에 의한 표시사항

제품명 도서 제조년월일 2019년 12월 5일 제조사명 김영사 주소 10881 경기도 파주시 문발로 197
전화번호 031-955-3100 제조국명 대한민국 ⚠주의 책 모서리에 찍히거나 책장에 베이지 않게 조심하세요.

차례

책머리에	7
가자! 바닷속으로	10
알쏭달쏭 바다 따라잡기	14
바글바글 바닷속 동물	43
우글우글 바닷속 보물	64
닻을 올려라!	83
바다를 누빈 사나이들	104
위험 천만 깊은 바다	125
바다가 시름시름	148

책 머리에

지리. 말만 들어도 끔찍하지? 도대체 지리가 뭐 하는 과목일까? 읽기도 힘든 괴상한 나라와 산맥, 강의 이름이나 외우는 과목 아니냐고? 맞긴 한데, 그게 다라고 생각하면 오산이다. 그렇다고 지리 선생님께 자세히 물어 보면 안 된다. 지리 선생님은 한번 이야기를 꺼내면 끝낼 줄을 모르니까.

그러면 지리학자들은 무슨 일을 하는 사람들일까? 한 가지 실험을 해 보자. 창문을 열고 바깥 풍경을 내다보라. 좀더 자세히 살펴보라. 무엇이 보이는가? 나무 덤불? 하늘의 구름? 나지막한 구릉? 마을로 들어오는 길?(혹은, 정성들여 가꾼 꽃들을 마구 파헤치고 있는 개?)

* 조석 물마루란, 밀물 때 바다에서 강으로 들이치는 큰 파도를 말한다. 선생님의 별명인 물만두와는 아무 상관이 없다!

축하합니다! 이제 여러분은 지리학자가 되었습니다. 어째서냐고? 영어로 지리를 geography라 하는데, 그것은 '세상을 묘사하는 학문'이란 뜻의 그리스어에서 유래하였다. 그런데 여러분이 방금 한 일이 바로 세상을 묘사한 것이 아닌가!

그런데 지리는 오해를 불러일으키기도 한다. 한 예로 사람들은 우리가 사는 행성을 '땅의 공'이란 뜻으로 지구(地球)라 부르는데, 땅보다 바다가 훨씬 많은 행성을 지구라고 부르는 건 적절치 않다. 그것보다는 '바다의 공'이란 뜻의 '해구(海球)'가 적절치 않을까? 이 책에서는 바로 바다에 관해 속속들이 알아보려고 한다.

이 책에서 여러분은 심해 잠수부 잠돌이 아저씨와 함께
● 아주 깊은 바닷속 세계를 탐험하고,

* 바다를 연구하는 지리학자

● 거대한 백상아리와도 사귀어 보고,

- 타이타닉 호가 왜 침몰했는지 알아보고,
- 해군에 입대하려면 어떤 조건이 필요한지 알게 될 것이다. 그리고 무엇보다도, 지리가 지겹다는 말은 이제 그만!

가자! 바닷속으로

바다 밑바닥으로의 여행

1960년 1월 23일 오전 8시 15분 정각, 두 남자가 불안한 미소를 지으며 서 있었다. 그들은 동료 선원들에게 작별 인사를 한 뒤, 시가 모양의 커다란 잠수정 아래에 달린 소형 강철 캡슐에 올라탔다.

그들은 지금 지리 교과서의 한 페이지를 장식할, 목숨을 건 항해에 나서고 있었다. 소형 자동차만한 크기의 캡슐 안은 온갖 장비들로 가득 차 있어서 두 사람이 간신히 앉을 자리만 남아 있었다. 앞으로의 항해가 무사히 끝날지는 아무도 장담할 수 없었다. 끼이익! 크레인이 천천히 움직이며 잠수정이 태평양의 검푸른 수면으로 내려가기 시작했다. 두 사람은 사람들과 악수를 나누며 서로의 행운을 빌어 주었다. 그리고 미지의 세계를 향해 내려가기 시작했다……

두 사람은 자크 피카르(Jacques Piccard) 박사와 미 해군의 돈 월시(Don Walsh) 대위였으며, 그들이 탄 괴상망측한 물체는 트리에스테(Trieste) 호라는 심해 잠수정이었다. 그들의 임무는 세상에서 가장 깊은 마리아나 해구(海溝)의 챌린저 해연(海淵 : 해구 가운데서 특히 깊이 움푹 파인 곳)을 탐사하는 것이었다. 그 때까지 어느 누구도 엄두 내지 못했고, 가능하리라고 상상치도 못하던 일이었다.

피카르와 월시는 무거운 침묵 속에 초조한 심정으로 앉아 있었다. 트리에스테호는 어둡고 차가운 바닷속으로 내려갔다. 두 사람은 바다 밑바닥에 가까이 왔다는 음향 측심기의 신호가 울리기를 기다렸다.

그들은 이 여행이 매우 위험하다는 걸 잘 알고 있었다. 앞으로 어떤 일이 일어날지 아무도 몰랐다. 과연 트리에스테호가 임무를 제대로 수행할 수 있을까? 그뿐만이 아니었다. 머리 위에서 짓누르는 물의 무게, 곧 가공할 수압(손톱만한 면적당 커다란 화물 트럭이 짓누르는 것과 같은 힘)으로부터 그들을 지켜 줄 수 있는 것이라곤 캡슐의 두꺼운 강철벽뿐이었다. 9000 m 정도 내려왔을 때, 두 사람은 트리에스테호의 속력을 늦췄다. 착륙시 충돌이 일어나면 끝장이기 때문이다. 그 때, 갑자기 어딘가가 '쩌-억!' 하고 갈라지는 소리가 났다!

"도대체 무슨 소리지?" 불안한 표정으로 피카르가 말했다.

두 사람은 심장이 멎는 것 같았다. 그러나 그것은 별 일이 아니었다. 트리에스테호의 바깥쪽 창 중 하나가 물의 무게를 견디지 못하고 금이 갔지만, 캡슐 안으로는 물이 들어오지 않았다. 두 사람은 안도의 한숨을 내쉬었다. 그리고 드디어 기대하고 고대하던 순간이 왔다. 오후 1시 6분 정각, 육지를 떠나 가슴 졸이는 4시간 48분의 항해 끝에 그들은 챌린저 해연의 밑바닥에 닿은 것이다. 진흙 바닥에 부딪치며 미끄러져 가던 트리에스테호가 마침내 멈춰 섰다.

피카르와 월시는 뛰는 가슴을 진정하면서 조명등을 켜, 그때까지 누구도 본 적이 없던 가장 깊은 어두운 바닷속을 보았다. 그런데 무시무시한 어둠 속에서 무엇인가가 그들을 노려보고 있었다. 그것은 상상도 못 했던 일이었다! 설마 이렇게 깊은 곳에 생물이 살고 있을 리가! 해저 깊은 곳에는 생물이 살 수 있을 정도의 산소가 없다고 생각돼 왔다. 그러나 과연 그럴까? 과거에 숱하게 그랬던 것처럼, 이번에도 과학의 예상은 빗나갔다. 어둠 속 눈동자의 주인공은 유령처럼 흰색을 띤 넙치의 일종이었다. 그것은 분명히 살아 있었다. 잠시 후에는 새우처럼 생긴 작고 불그스름한 생물도 언뜻 지나갔다.

추위로 이를 딱딱 맞부딪치면서 피카르와 월시는 해저 바닥에서 20분 동안 머물렀다. 그런 다음, 그들은 트리에스테호를 바닷속으로 가라앉게 했던 2톤 무게의 강철 추를 떼 냈다.

그러자 트리에스테 호는 서서히 떠올랐고, 3시간 17분 만인 오후 4시 56분에 수면에 도달했다.

왕복 22 km에 이르는 이 여행을 하는 데 8시간 30분이 걸렸다. 해저 11 km까지 잠수한 그들의 기록은 그 이전은 물론, 그 후로도 아직까지 깨어지지 않고 있으며, 해양 탐사 역사상 최고의 업적으로 기억되고 있다.

알쏭달쏭 바다 따라잡기

사실, 소형 잠수정을 타고 무서운 바닷속을 탐험하는 것은 여러분 능력 밖의 일이다! 그러나 더 안전하게 바다와 친해지는 방법도 많이 있다. 잠깐, 아직 뛰어들지 말고 기다리라구! 먼저 바다에 대해서 알아 두어야 할 것이 두 가지 있다구.

- 바다는 어떤 곳에 있는가?
- 바다란 도대체 무엇인가?
- 도대체 바다는 어떻게 생겨났는가?(알았어, 알았다고! 하다 보니 두 가지가 아니라 세 가지네. 시시콜콜 따지기는!)

우선 오른쪽에 있는 지도를 살펴보자.

지도에서 보다시피, 바다는 굉장히 거대하다. 바다는 엄청나게 물이 많고 짜다. 그리고 신기한 식물과 동물이 가득 차 있다. 사실, 바다는 너무너무 넓어서 아직까지 인간이 가 보지 못한 바다 밑바닥도 많다. 솔직히 말하자면, 얼마 전까지만 해도 지리학자들은 바다 밑바닥이 그냥 편평하고 지루한 모래밭일 것이라고 생각했다(물론 그들 중 아무도 바다 밑바닥에 가 본 사람이 없었고, 그래서 아무것도 몰랐지만, 그래도 뭔가 아는 척을 해야 했다). 오늘날 우리는 바다 밑에 높은 산과 깊은 계곡, 화산, 울퉁불퉁한 평원 등이 있다는 사실을 알고 있다. 다만, 그 모든 것이 물로 덮여 있을 뿐이다. 불쌍하게도!

바다에 관한 흥미로운 사실

1. 바다는 지구 표면의 2/3를 덮고 있다. 아까도 말했듯이, 바다는 정말 거대하다! 그런데 그 중 절반이 넘는 물을 욕심 많은 대양 하나가 품고 있으니, 그것은 바로 태평양이다. 크기순으로 나열하면, 그 다음으로 대서양, 인도양, 남극해 그리고 북극해의 순이다. 북극해는 너무나도 추워서 거의 일 년 내내

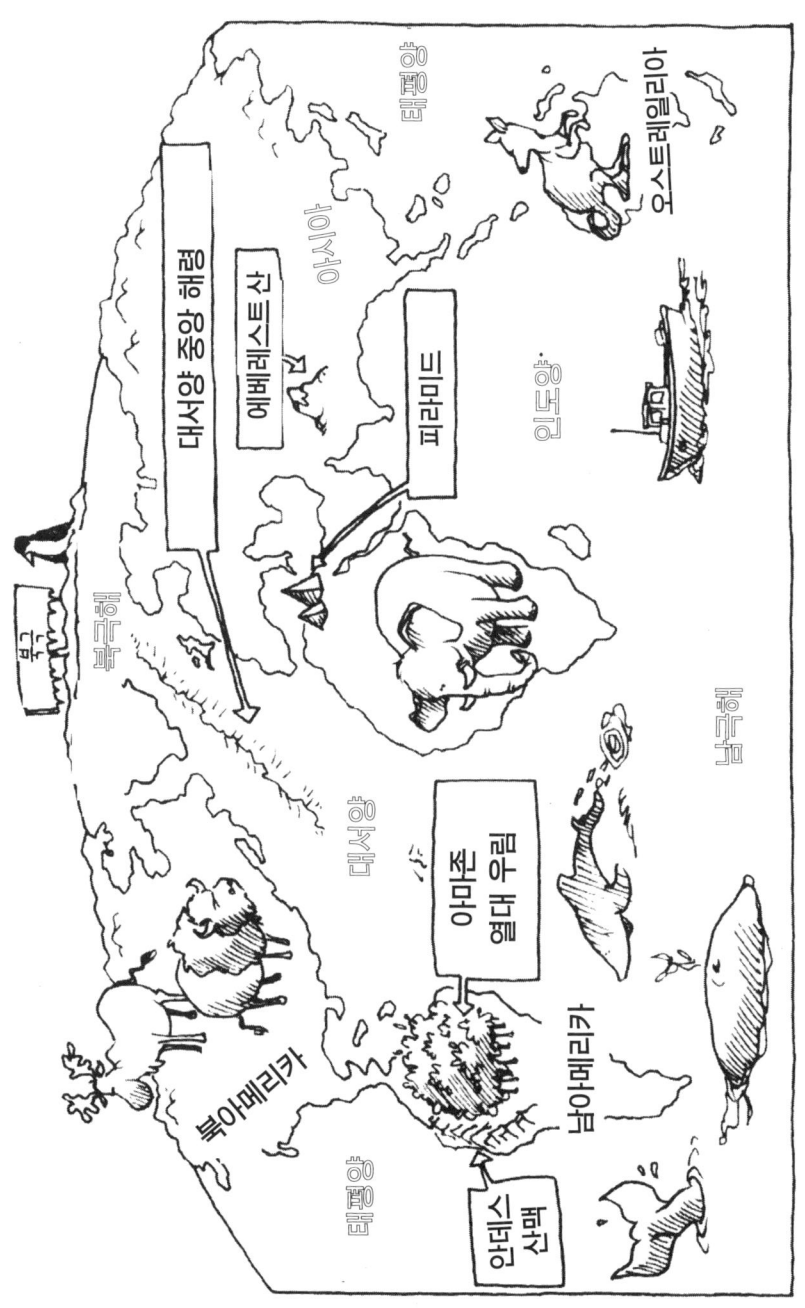

두꺼운 얼음으로 덮여 있다. 얼음이라면 남극해도 만만치 않다. 그런데 일부 지리학자들은 남극해 같은 건 없다고 주장한다! 남극해는 대서양과 인도양과 태평양의 일부일 뿐이며, 대양의 자격이 없다는 것이다. 정말 심술궂은 사람들이다.

2. 여러분은 선생님께 바다가 파랗다고 배웠을 것이다. 그렇지만 그 말을 믿어서는 안 된다! 바다가 파랗게 보이는 것은 태양 광선 중에서 파란색 광선을 반사하는 화창한 날뿐이다. 그 밖의 날에는 녹색이나 회색에 가깝다. 녹색에 가까울수록 더 좋은 바다이다. 왜냐 하면, 녹색에 가깝다는 것은…….

그런데 어떤 바다는 녹색도 회색도 파란색도 아니다. 백해(白海)는 얼음으로 덮여 있기 때문에 흰색이다. 홍해(紅海)는 종종 붉은색의 아주 작은 식물들(먹음직스런 조류의 일종)로 가득 차 분홍색을 띤다.

3. 바다의 나이는 약 40억 살이다. 바다가 생기기 얼마 전에 지구는 먼지와 가스의 구름 덩어리에서 생겨났다. 그것이 식으면서 굳어지는 과정에서, 화산에서 나온 수증기가 공기 중으로 올라갔다. 수증기가 식으면서 비구름이 만들어져 세찬 비가 쏟아졌고, 그렇게 해서 최초의 바다가 탄생한 것이다.

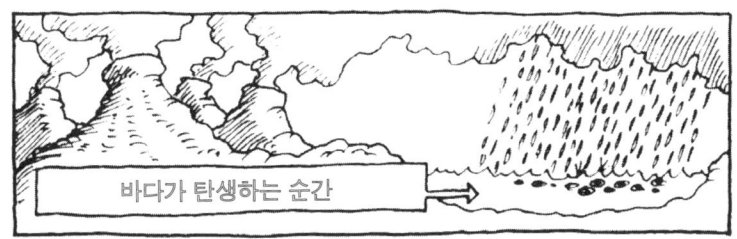
바다가 탄생하는 순간

4. 최초의 바다는 피서지로는 빵점! 미지근하고 짭짤한 물과 길게 펼쳐진 백사장은 꿈도 꾸지 마라! 당시의 물은 펄펄 끓고 있었고, 맛은 식초처럼 시었으니까. 오늘날 바닷물이 짭짤한 이유는 소금이 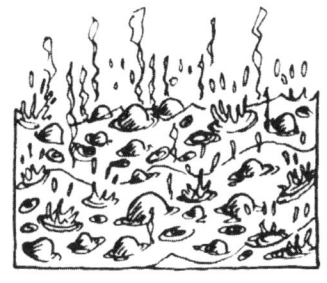 들어 있기 때문이다. 소금 중 일부는 바다 밑의 화산에서, 또 일부는 빗물에 섞여 내린 것이다. 그러나 대부분의 소금은 육지의 바위에서 강물에 씻겨 온 것이다. 그런데 그 양은 실로 엄청나다. 지구 표면을 150 m 두께로 덮을 수 있을 정도.

5. 지리학에서는 소금기란 말 대신에 '염분 농도' 또는 '염분' 이란 용어를 사용한다. 정확하게 말하면, 염분 농도는 물 천 단위 중에 포함된 소금 단위의 수로 나타내며, ‰(퍼밀)로 표시한다. 바다에 염분이 많을수록 몸이 더 잘 뜬다.

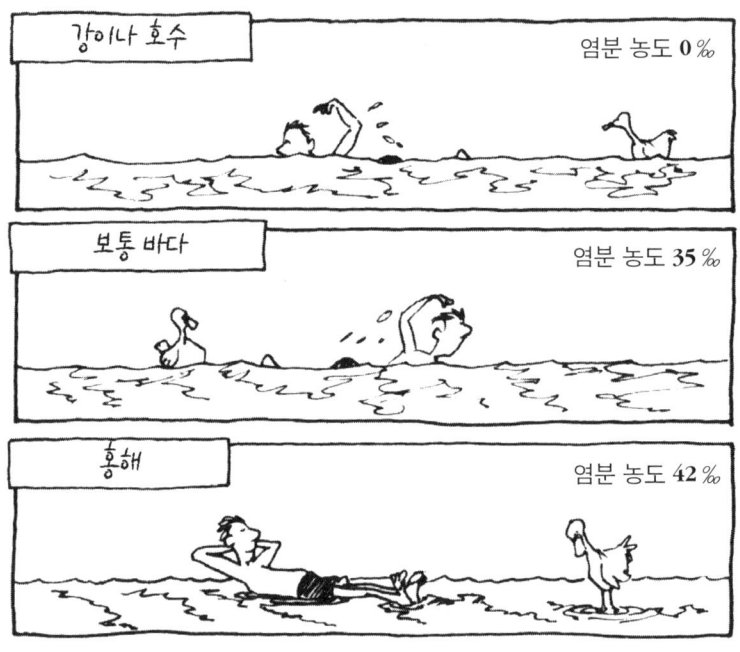

그러면 간단한 시음회를 해 볼까?

직접 해 보는 실험 : 홍해를 만들어 보자

준비물 : 소금 약간, 따끈한 물 약간, 물통이나 계량컵, 빨간색 식용 색소(없어도 그만)

실험 방법 :
① 물 1리터에 소금을 찻순가락으로 4순가락 넣는다.
② 소금이 완전히 녹을 때까지 젓는다.
③ 빨간색 식용 색소를 몇 방울 넣는다(이유는 알지? 우리가 지

금 만드는 것이 홍해니까).
④ 한 모금 마신다(아주 조금만).
   바로 이게 홍해의 짠맛이지롱!

⑤ 바다의 역사와 관련해서 재미있는 사건이 몇 가지 있다. 약 650만 년 전에 지중해가 대서양으로부터 완전히 분리되었다. 그로부터 천 년 후, 뜨거운 햇볕을 받아 지중해의 바닷물은 완전히 말라 버렸고, 바다 밑바닥엔 1km 두께의 소금만 남게 되었다. 그 후, 대서양의 해수면이 점점 상승하더니, 급기야는 거대한 바닷물의 폭포가 지브롤터 해협(대서양과 지중해를 연결하는 해협)을 통해 지중해로 쏟아져 들어왔다. 그렇지만 지중해에 물을 다시 채우는 데에는 100년이란 기나긴 시간이 걸렸다.

⑥ 고도를 이야기할 때 '해발 몇 m'라고 하는 것은 문제가 좀 있다. 세상 만사가 다 그렇듯이, 해수면의 높이도 오락가락하기 때문. 18,000년 전 마지막 빙하기 때에는 많은 물이 빙하에 갇혀 해수면이 100m나 내려갔다. 그 정도면 서해를 통해 중국까지 걸어갈 수도 있다(물론 시간이 남아 도는 사람만 가능하겠지만). 그 이후로 해수면은 100년마다 약 10cm씩 상승해 왔다. 지리학자들은 매머드나 말처럼 육지에 사는 동물들의 뼈를 바다 밑바닥에서 발견함으로써 지난 5,000년 동안 해수면이 어떻게 상승했는지 알게 되었다. 이 동물들은 모두 해수면이 상승할 때 익사한 것이다.

선생님 골탕먹이기

여러분의 선생님은 지리에 관해 얼마나 알고 있을까? 궁금해서 못 견디겠다는 듯이 머리를 긁으며 이렇게 물어 보라.

답 : 바닷물의 양이는 야야야야하지도 120경 톤이나 된다구, 자그마치 1,200,000,000,000,000,000톤이이구! 이강은 종자를 상식에 될때 야야는 바덜숙을이 같이 바닷숙으로 더 삼걸한 비믈이 이롭에 너튼 당숙등이 바이러리기 번리고 있는 판에 주련이 아이! 그, 음이야.

★ **요건 몰랐을걸!**
옛날 사람들은 지구가 편평하다고 믿었다. 그래서 한 방향으로 계속 항해를 하다 보면 세상의 끝에 다다라 결국 지옥으로 떨어진다고 생각했다! 그런데 더욱 놀라운 사실은, 오늘날에도 그 이야기를 믿는 사람들이 있다는 것!

헷갈리는 바다 이름들

　태평양, 대서양과 같이 아주 넓은 바다(대양)는 양(洋)이라 하고, 동해나 서해처럼 좀 작은 바다는 해(海)라고 한다. 그런데 어떤 넓은 바다는 그냥 해라고 부른다. 더 골치 아픈 것은, 이름은 해라고 붙었지만, 진짜 바다가 아니라, 그냥 짠물이 담긴 호수도 있다는 사실. 대체로 진짜 바다인 해(海)는 대양의 일부이다. 즉, 남중국해는 태평양의 일부이고, 북해는 대서양의 일부이다. 헷갈린다고? 그러면 아래 지도에 나오는 이름들을 잘 익혀 두라.

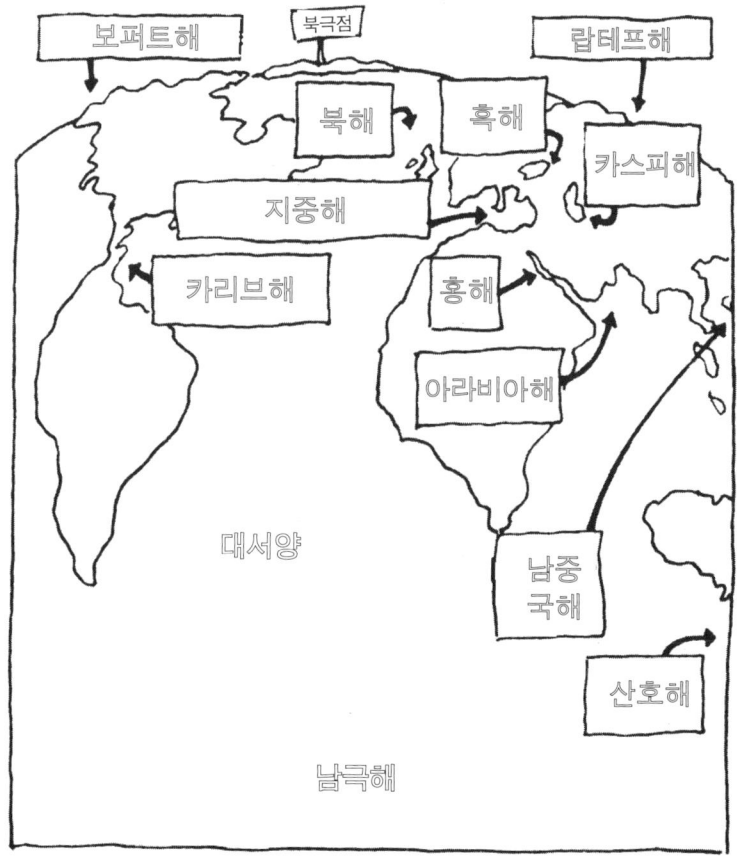

흑해 고대 그리스인은 흑해를 '우호적인 바다'라고 불렀지만, 흑해는 바위투성이에다가 폭풍이 자주 휘몰아치는 바다이다. 고대 그리스인은 나쁜 이름을 붙이면 불운이 온다고 믿었기 때문에 아무리 고약한 것에도 나쁜 이름을 붙이지 않았다. 흑해란 이름은 훗날 터키인이 붙였다. 그들은 흑해를 죽음의 바다로 여겼다나?

사해(死海) 이 바다 이름에 '죽을 사(死)' 자가 붙은 이유는 바닷물이 너무 짜서 어떤 생물도 살 수 없기 때문이다. 사해는 보통 바다보다 5배 정도 짜다. 그런데 사해는 진짜 바다가 아니라, 내륙에 위치한 호수이다.

지중해 고대 로마인은 지중해를 '세상의 중심에 있는 바다'라고 불렀다. 그들은 진짜로 그렇게 믿었다.

7대양 옛날 선원들은 '7'을 '많다'는 뜻으로 사용했다. 세상의 바다는 모두 7개라고 생각했고, 거기에서 '많다'라는 개념이 싹튼 것. 7개의 바다는 홍해, 지중해, 페르시아 만, 흑해, 중국해, 카스피해, 인도양이었다. 실제로는 지구상에는 70개가 넘는 바다가 있다. 오늘날 7대양이라고 하면 남태평양, 북태평양, 남대서양, 북대서양, 인도양, 남극해, 북극해를 말한다.

에게해 에게해는 아테네의 왕 아이게우스(Aegeus)의 이름에서 딴 것이다. 아이게우스 왕에겐 테세우스(Theseus)라는 아주 용감하고 잘생긴 아들이 있었다. 테세우스는 10세 때 이미 많은 거인과 괴물을 물리쳤다. 그 중에는 소나무 두 그루를 구부려 사람을 묶은 다음, 나무를 탁 놓아 찢어 죽이는 '시니스(Sinis)'라는 잔인한 거인도 있었다! 그 테세우스가 자신의 용맹을 시험하기 위해 반은 사람이고 반은 황소인 크레타 섬의 괴물 미노타우로스를 죽이려고 하고 있었다. 미노타우로스는 어느 누구도 감히 접근할 생각조차 못 할 정도로 무서운 괴물이었다. 왕은 겁을 모르는 아들이 걱정스러웠다.

"그냥 여기 가만히 있다가 장가나 가지 그러냐?" 왕이 부탁했다. "그냥 평범하고 착한 아들로 살아 다오."

"그럴 순 없어요," 테세우스가 대답했다(아마도 고집불통이었나 보다).

"할 수 없지." 왕은 한숨을 쉬었다. "내가 졌다. 대신에 네가 미노타우로스를 물리친다면, 돌아올 때 검은 돛을 흰 돛으로 바꾸어 달고 오거라. 네가 무사하다는 신호로 말이다."

"알았어요." 테세우스는 건성으로 대답했다.

짧게 얘기하자면, 크레타에 도착한 테세우스는 용감한 청년답게 미노타우로스를 죽이고, 잘생긴 청년답게 공주 아리아드네와 약혼했다. 아리아드네는 테세우스에게 홀딱 반해서 아테네로 함께 출발했다. 그들은 도중에 낙소스 섬에서 하룻밤을 묵었는데, 아리아드네가 잠든 사이에 테세우스는 그녀를 두고 도망가 버렸다. 쪽지 한 장 남기지 않고 말이다.

잠에서 깨어난 아리아드네는 버림받은 것을 알고 분노했다.

아리아드네에겐 영향력 있는 친구들이 많았는데, 그 중에는 디오니소스 신도 있었다(그는 아리아드네를 좋아했다). 디

오니소스는 술수를 써서 테세우스가 약속을 잊어버리게 만들었다. 돛을 흰색으로 바꾸기로 했던 것 말이다. 그리하여 테세우스는 방정맞게도 검은 돛을 휘날리며 집으로 향했다. 세상에, 이런 실수를 하다니! 아들이 죽었다고 착각한 아이게우스 왕은 슬픔으로 정신이 나간 나머지, 절벽에서 뛰어내려 바다에 빠져 죽고 말았다. 이렇게 해서 아테네는 왕을 잃고, 대신에 바다 이름을 얻었다.

지구촌 일보
무시무시한 바다 밑바닥 이야기

깊은 바닷속 밑바닥은 어떻게 생겼을까? 그냥 시시하고 따분하고 편평할까? 아니면, 산과 화산, 계곡이 있다는 소문이 사실일까? 지금 바다 밑바닥에선 난리가 났다던데? 우리 지구촌 일보는 그 밑바닥 세계를 샅샅이 파헤쳐 보는 특집 기사를 기획하여, 이 획기적인 임무에 앞뒤 가리지 않는 용감한 덜렁이 기자를 파견했다.

에베레스트 산보다 거대한 물 속의 해산!

거짓말이 아니다! 에베레스트 산이 지구에서 가장 높은 산이라는 말은 이제 옛말! 에베레스트 산의 높이는 겨우 8848 m로, 거대한 해산인 마우나키(Mauna Kea)와 비교하면 1 km(즉, 1000 m) 이상 낮다.

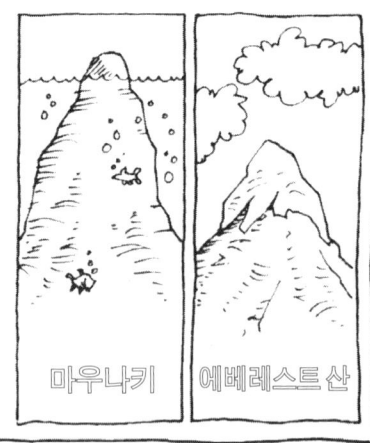

마우나키 　 에베레스트산

태평양에 있는 이 거대한 화산은 바다 밑바닥에서부터 10,203 m나 솟아 있다. 물론 세계 기록이다. 산꼭대기는 수면을 뚫고 올라와, 꽃 피고 새 우는 하와이 제도의 그림 같은 섬이 되었다. 기왕 하와이에 도착했으니, 나도 짬을 내서 구경 좀 해야겠다.

쑥쑥 자라나는 해령 — 대서양은 갈라지고 있는가?

다시 본연의 임무로 돌아와, 나는 대서양의 중심부로 향했다. 이 곳 밑바닥에 세상에서 가장 긴 화산대가 있다고 들었다. 아이슬란드(바다 밖으로 솟아나와 있음)에서부터 남극 대륙에 이르기까지 대서양의 한가운데를 지나며 대서양 중앙 해령이 뻗어 있다. 총 길이는 11,000 km가 넘으며, 높이 4 km 가량의 산들로 이루어져 있다. 대부분의 산들은 해저 2 km 아래에 있다.

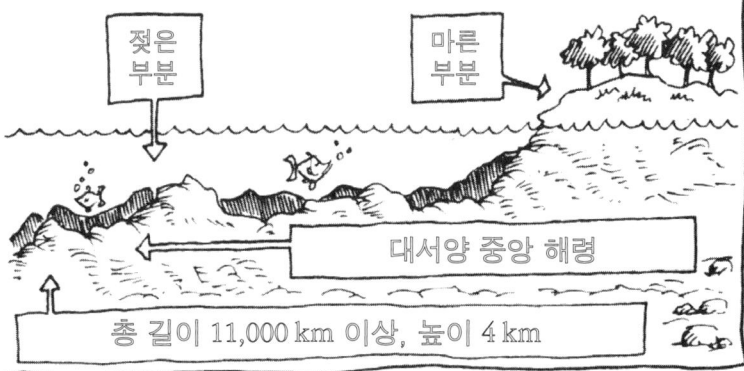

젖은 부분 / 마른 부분 / 대서양 중앙 해령 / 총 길이 11,000 km 이상, 높이 4 km

대서양 중앙 해령은 결코 이름처럼 시시한 것이 아니다. 길게 뻗은 해령을 따라 해저의 갈라진 틈 사이로 뜨거운 액체 상태의 암석이 새어 나온다. 이것이 차가운 물과 만나 고체로 변하면서 새로운 해산과 화산이 생겨난다.

액체 상태의 바위

그런데 해령은 새로운 해저 바닥을 만들어 내고 있다. 최근의 조사에 따르면, 대서양은 매년 4 cm씩 늘어나고 있다고 한다! 지리학자들은 이 현상을 '해저 확장'이라고 부른다. 왜냐 하면, 음…… 그러니까 그것은 해저가…… 확장하는 거니까. 그렇지만 나는 여기서 일 년 내내 꼼짝않고 그것을 확인할 시간이 없다.

음침한 마리아나 해구의 바닥 엿보기

다음 행선지는 북서 태평양에 있는 마리아나 해구이다. 이 곳은 지구에서 가장 깊고 어두운 장소이다. 나로서도 가장 무서운 곳이다.

바다에는 이러한 해구들이 많이 있다. 해구란, 바다 밑바닥에 나 있는 거대한 틈새를 말하는데, 바다 밑바닥의 한 조각이 다른 조각 밑으로 밀려 들어갈 때 생기는 지형이다. 이렇게 땅 조각이 다른 땅 조각 밑으로 밀려 들어가는 현상을 섭입(攝入)이라고 한다. 해구는 해저 확장을 상쇄함으로써 지구가 점점 커지는 것을 막아 준다. 지구가 커질 경우에 발생할 그 엄청난 혼란을 상상해 보라! 나는 집으로 돌아가지도 못하고, 여기서 죽게 될 것이다. 생각만 해도…….

마리아나 해구의 깊이는 자

그마치 11,034 m나 된다. 만약 실수로 해구에 오리발을 떨어뜨린다면, 그 오리발이 바닥에 닿기까지는 장장 한 시간이나 걸릴 것이다! 다행히도, 내 오리발은 내 발에 꼭 붙어 있다.

일급 비밀 — 시체 더미로 뒤덮인 바다 밑바닥

대양저는 수 km씩 뻗어 있으며, 전체 해저 면적의 절반 이상을 차지하고 있다. 대양저는 육지의 어느 곳보다도 편평하다. 대양저는 이름 그대로 깊은 바닷속의 평원이다. 그렇지만 내 머리카락을 쭈뼛 서게 만든 것은 넓게 펼쳐진 평원이 아니다. 이 무시무시한 장소는 바다 위쪽에서 비처럼 떨어져 내려온 아주 작은 수많은 바다 생물들의 시체에서 나온 끔찍한 삼출물로 뒤덮여 있다. 수억 마리의 바다 생물 시체들로 말이다.

나 집에 갈래!

해안선이 가장 긴 나라는?

다시 땅으로 돌아와서(휴!), 해안선의 길이에 관한 세계 기록을 소개하겠다. 여러분은 전 세계의 해안선을 한 줄로 쫙 펴면, 지구를 13바퀴나 돈다는 사실을 알고 있는지? 그런데 세상에서 해안선이 가장 긴 나라가 어디인지 알고 있는가? 세상에서 가장 큰 나라는 러시아이지만, 해안선만큼은 단연 캐나다가 으뜸! 90,000 km가 넘는 꼬불꼬불한 해안선을 갖고 있다. 2등은 인도네시아인데, 그 길이는 캐나다보다 훨씬 작은 47,000 km.

캐나다 : 꼬불꼬불한 해안선의 나라

마지막으로, 기수를 남쪽으로 돌려 세상에서 가장 높은 해안 절벽이 있는 하와이의 북쪽 해안으로 안내하겠다. 이 절벽이 얼마나 높으냐 하면, 절벽에서 다이빙을 해서 바다에 빠지기 전에 1 km나 공중을 날아야 할 정도. 설마 나더러 그 절벽 가장자리에 가 보라고 하지는 않겠지? 그럼 그럼, 그럴 줄 알고, 나는 지금 경치 좋은 호텔의 안전한 로비에서 이 기사를 끝내고 있다구. 위하여!

부서지는 파도 타기

바닷가의 그림 같은 집에서 살고 싶다는 생각을 해 본 적이 없는지? 얼핏 생각하기엔 근사해 보이지만, 실제로 해안가에서 사는 것은 장난이 아니다. 바람과 파도와 날씨가 끊임없이 해안가에 와 부딪치면서 바위와 절벽을 깎고 있기 때문이다.

이러한 현상을 '침식'이라고 하는데, 이런 걸로 기죽을 우리가 아니다. 그건 그렇고, 파도가 해안에 밀려 와 부딪칠 때, '파도가 부서진다'고 표현하는데, 그 때 어떤 일이 일어나는지 살펴보자.

직접 해 보는 실험 : 부서지는 파도를 타는 방법

준비물 : 해안, 서프보드, 자진해서 나선 희생자(꼭 자진해서 나선 것이 아니라도 좋다)

실험 방법 :
　심해 잠수부 잠돌이 아저씨에게 시범을 보여 달라고 했다.
1. 잔잔하고 느린 파도에서 시작한다. 아직까지는 만사 OK.

2. 해안가에 가까워지면 파도가 바다 밑바닥과 마찰*을 일으키면서 파도의 속도가 느려진다.

* 마찰이란, 서로 맞닿은 채로 지나가는 물체의 움직임을 방해하려는 힘이다. 손가락을 책상에 대고 쭉 밀면서 미끄러뜨려 보라. 마찰 때문에 앞으로 나아가기가 점점 힘들어질 것이다.

3. 파도가 점점 가파르고 높아진다…….

4. …… 그러다가 고꾸라져서 해안가에 머리를 박으며 파도와 함께 부서진다. 으악!

파도만들기

파도와 해류 때문에 바다는 끊임없이 움직이고 있다. 그런데 파도는 뭐고, 해류는 또 뭐냐고? 파도는 바다 위로 부는 바람에 의해 생기는 물결이다. 물론 바람이 셀수록 파도도 높아지겠지. 끔찍하게 높은 파도가 생길 때도 있다. 1933년, 미국 선박 라마포 호에 탔던 재수 없는 승객들은 높이 34 m에 이르는 파도가 그들 앞에서 넘실거리는 것을 바라보며 공포에 떨어야 했다. 다행히도, 그들은 살아남아서 이 무용담을 자랑할 수 있게 되었다.

만약 궂은 날씨에 꼭 항해를 해야 한다면, 잠수함을 타는 게 더 안전할걸! 파도는 수면에서만 치기 때문에 깊은 바닷속에는 아무런 영향도 미치지 않는다.

자, 그러면 우리가 직접 파도를 만들어 볼까? 물론 진짜 파도보다야 훨씬 작은 것이지. 대야에 물을 부은 다음, 물 위로 입김을 후후 불어라. 기억하겠지? 세게 불수록 더 큰 파도가 생긴다. 더 세게! 만약 어머니가 방 안을 물바다로 만든다고 야단치면, 이해할 수 없다는 표정을 짓고 이렇게 말하도록.

골칫덩어리 해일

해일은…… 진짜 파도가 아니다(바람에 의해 생기는 것이 아니기 때문에). 해일은 바닷속 깊은 곳에서 발생한 화산이나 지진에 의해 일어난다. 지진이나 화산 폭발에서 발생한 충격파가 물을 진동시켜 커다란 물결을 일으키는 것이다. 처음에는 이 물결은 눈에 띄지도 않는다. 심지어는 배를 타고 물결의 한복판을 지나가도 눈치채지 못할 정도. 그러나 그 물결은 제트기와 맞먹는 아주 빠른 속도로 퍼져 나가 육지에 이른다. 문제는 이 때 발생한다. 육지에 접근한 물결은 높이가 30 m까지 이르러 엄청난 힘으로 덮치기 때문이다!

　해일 중에는 섬을 통째로 삼켜 버릴 만큼 큰 것도 있다. 지리학자들은 그러한 해일을 '쓰나미(tsunamis)'라고 부르는데, 일본어로 '항구의 파도'라는 뜻이다. 지금까지 가장 거대했던 쓰나미는 높이가 85 m에 이르렀다. 1946년, 하와이에서는 쓰나미가 집을 통째로 들어올려 수백 m 떨어진 곳으로 옮겨 놓은 일도 있었다. 그런데 집을 얼마나 부드럽게 옮겼던지 식탁에 차려 놓은 아침 식사가 그대로 남아 있었다고!

내숭쟁이 해류

바다 밑에는 해류(海流)라고 하는 거대한 강이 흐르고 있다. 해류는 바람을 따라 흘러간다고 하는데, 그렇다면 도대체 그 정체가 뭘까? 해류에는 난류(어떤 것은 30°C까지 이름)와 한류(어떤 것은 -2°C까지 이름)가 있다. 해류는 적도 부근에서는 따뜻한 물을, 극 지방에서 차가운 물을 얻어 지구를 떠도는데, 그 덕분에 더운 지방과 추운 지방의 온도차가 줄어든다. 만약에 해류가 없다면 적도 지방은 더 뜨거워지고, 극 지방은 더 추워질 것이다. 그러면 살기가 훨씬 힘들어지겠지? 한편, 해류 중에는 규모가 아주 큰 것도 있다. 그 중 하나인 남극 환류는 남극 대륙의 주위를 도는데, 끌고 다니는 물의 양이 세계에서 가장 큰 강인 아마존 강의 2000배나 된다고 한다!

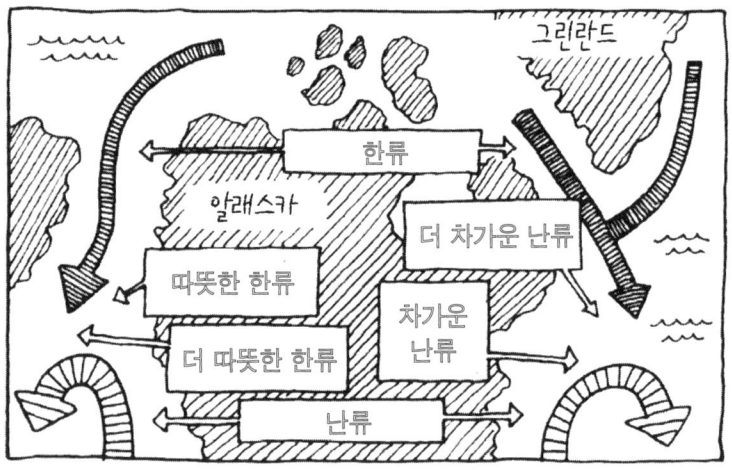

알쏭달쏭한 조석

파도와 해류말고도 바다를 쉴새없이 움직이게 하는 것이 있다. 하루에 두 차례씩 어김없이 바닷물은 수면이 높아져 해안가로 밀려든다. 또, 역시 하루에 두 차례씩 바닷물은 다시 빠진다. 이 현상을 조석(潮汐)이라고 하는데, 바닷물이 해안으로 밀려 들어오는 것을 밀물, 물이 빠져 나가는 것을 썰물이라 부른다. 조석이 일어나는 가장 큰 이유는 달의 중력이 지구의 바다를 끌어당기기 때문이다. 물론 그렇게 단순한 것만은 아니다. 지구는 자전축을 중심으로 빙글빙글 돌고 있기 때문에, 달을 향한 쪽의 바닷물만 불룩하게 솟아오르는 것이 아니라, 달과 반대쪽에 있는 바닷물도 솟아오른다. 헷갈린다고? 겁먹을 필요 없다. 잠돌이 아저씨의 바다 안내도 **1**을 보라.

잠돌이 아저씨의 바다 안내도 1

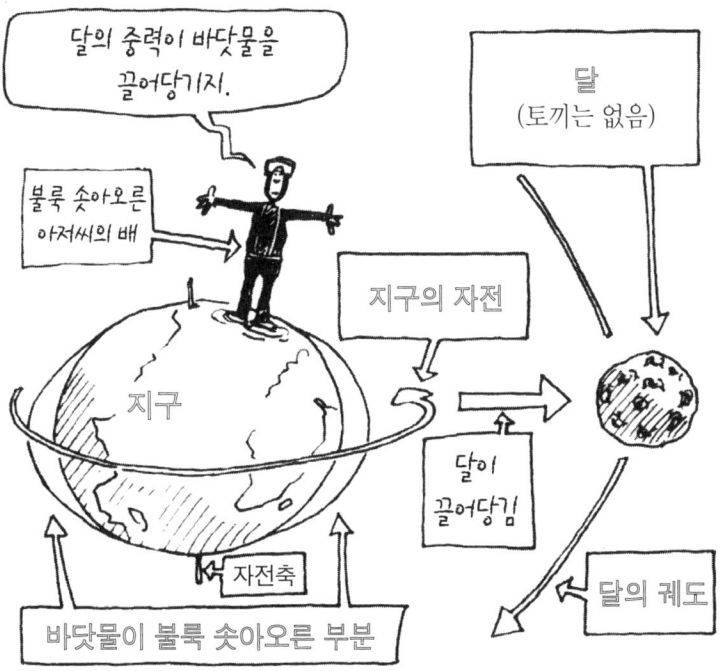

더 헷갈리게 해 줄까? 한 달에 두 번, 태양이 이 일에 끼여든다. 태양과 달이 지구에 대해 일직선으로 늘어설 때, 밀물과 썰물(간만)의 차가 가장 크게 나타나는데, 이 시기를 사리 또는 대조(大潮)라고 한다. 바다 안내도 **2**를 보라.

잠돌이 아저씨의 바다 안내도 2

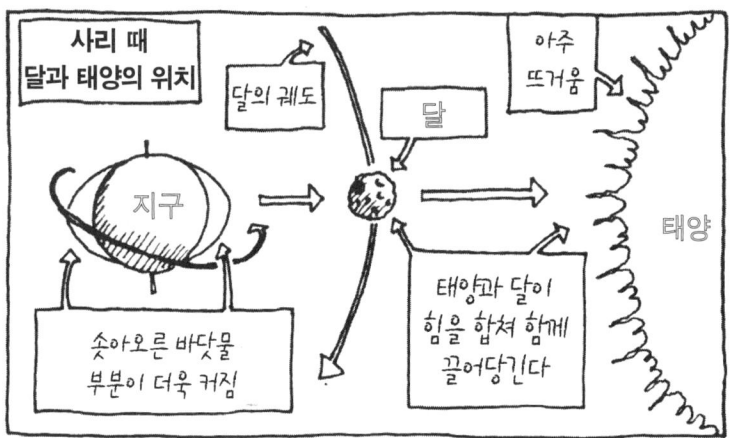

 태양과 달이 서로 직각 방향에서 지구를 끌어당길 때, 간만의 차가 가장 작다. 제대로 이해하고 있는지? 이러한 시기를 조금 또는 소조(小潮)라고 한다. 바다 안내도 3을 보라.

잠돌이 아저씨의 바다 안내도 3

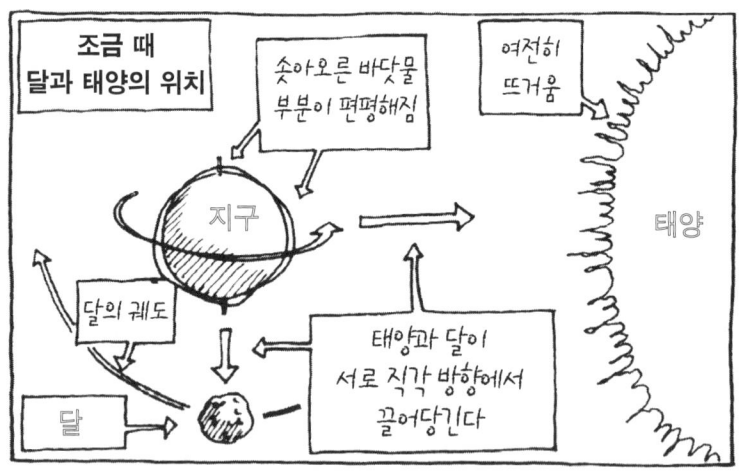

> ★ 요건 몰랐을걸!
> 이 정도가 지겨운 과학자들이 이야기하는 조석에 대한 설명이다.
> 그런데 옛날 일본에서는 훨씬 흥미로운 방법으로 조석을 설명했다.
> 그들은 신들이 갖고 있는 두 개의 커다란 진주 때문에 조석이
> 생겨난다고 믿었다. 신들이 바다에 진주를 던지면 하나는 썰물을
> 일으키고, 다른 하나는 밀물을 일으킨다는 것이다. 잠돌이 아저씨의
> 바다 안내도 4를 보라.

잠돌이 아저씨의 바다 안내도 4

버뮤다 삼각 지대

바다에서 특히 무시무시한 장소 가운데 하나가 바로 불가사의한 버뮤다 삼각 지대이다. 버뮤다 삼각 지대는 푸에르토리코, 마이애미, 버뮤다 사이에 있는 삼각형 모양의 지역인데, 과학자들은 이 곳 때문에 오랫동안 골머리를 앓아 왔다. 왜냐고? 지난 40년 동안 이 곳에서 적어도 100척 이상의 배와 수천 명의 사람들이 사라져 버렸기 때문이다. 그 후 아무도 그들을 보지 못했다.

예를 들면, 1918년 사이클롭스 호라는 대형 석탄 화물선이 삼각 지대를 지나던 중에 309명의 승무원과 함께 흔적도 없이

사라졌다. 최초의 사고는 그보다 훨씬 오래 전으로 거슬러 올라간다. 1881년에는 목재 화물선 한 척이 1주일 만에 3명의 승무원을 잃더니, 급기야는 통째로 사라져 버렸다! 대부분의 배들이 화창한 날씨에 아무런 이유 없이 실종되었다. 게다가, SOS를 보낼 시간조차 없이 순식간에 사라져 버린 것이다.

사라진 것은 배뿐만이 아니었다. 제2차 세계 대전이 막바지에 이르렀던 1944년 12월 5일, 미 해군 폭격기 5대가 각각 3명의 승무원을 태우고 플로리다에서 날아올랐다. 그런데 차례로 버뮤다 삼각 지대를 지나간 비행기들은 공중에서 사라지고 말았다. 날씨는 더없이 좋았고, 비행기에도 아무 문제가 없었다. 그들을 찾기 위해 구조기가 떴다. 그러나 몇 분 뒤, 그 구조기마저 사라져 버렸다!

정말 귀신이 곡할 노릇이지? 그냥 단순한 사고일까? 아니면, 다른 무시무시한 원인이 있는 것일까? 다음에 유력한 용의자 몇 녀석을 소개하겠다.

1. 그 근처의 날씨는 상당히 변덕스럽다. 파란 하늘이 보이다가도 한순간에 무서운 강풍이 몰아치곤 한다. 강풍 중에서도 최악의 것은 허리케인이다. 허리케인은 배를 항로에서 멀리

벗어난 곳으로 옮길 수도 있고, 산산조각 낼 수도 있다.

2. 바다의 회오리바람인 용오름을 만나 배가 침몰했을 수도 있다. 이 회오리바람은 바다 위에 떠 있는 폭풍 구름에서 내려온다. 소용돌이치는 공기가 바닷물에 닿으면, 거대한 물보라 기둥이 만들어지면서 바닷물이 빨려 올라간다. 그 기둥의 높이는 1 km가 넘는 경우도 있다. 그러나 용오름은 10~15분 정도면 사라진다. 함께 빨려 올라간 여러분은 어떻게 되느냐고? 거대한 물기둥이 무너지면서 함께 풍덩이지, 뭐!

3. 혹시 바닷속에서 일어난 거대한 폭발이 원인은 아닐까? 1995년, 바다 밑에서 엄청난 양의 메탄 가스층이 발견되었다. 그러자 한 과학자는 이렇게 말했다.

> 가스 분출은 거대한 콜라 캔을 마구 흔드는 것과 마찬가지지! 바다가 부글부글 끓어 오르면, 배는 부력을 잃고 순식간에 가라앉아 버려. 가스가 아주 많이 들어 있는 물은 밀도가 아주 낮기 때문에 배가 침몰하고, 비행기가 추락하는 거라구.

※ **참고** : 그리고 지독한 냄새도 난다. 메탄은 방귀 냄새의 주범이니까.

4. 해저에서 생성된 금속이 거대한 자석의 역할을 했을 수도 있다. 버뮤다 삼각 지대에서는 무엇인가가 배의 나침반을 교란시킨다! 그래서 배가 엉뚱한 방향으로 항해하다가 실종되고 만다는 이야기!

5. 그렇다면 어째서 난파선의 잔해가 발견되지 않을까? 글쎄, 그것은 해류와 관계가 있을지도 모른다. 구조대가 난파선을 찾아 내기 전에 빠른 물살의 멕시코 만류가 그 잔해를 멀리 흘려 보냈을 수도 있다. 또, 작은 소용돌이들도 잔해를 흩어지게 하는 데 한몫했을 것이다.

6. 일단 물 속에 가라앉으면, 밑바닥에서 모래나 진흙에 덮여 금방 묻혀 버린다. 아니면, 블랙 홀이 아니라 '블루 홀(blue hole)'에 빨려 들어갔을지도 모르지, 그것이 정확하게 무엇인지는 모르지만.

그리고 실종된 선원들의 시체는 상어가 꿀꺽했을 가능성이 매우 높다.

어때? 모든 이야기가 다 그럴 듯하지? 다른 가설들에 비하면 상당히 설득력이 있는 것이다. 어떤 사람들은 버뮤다 삼각 지대에 들어간 배들을 비행 접시를 타고 온 외계인이 납치해 갔으며, 선원들을 대상으로 생체 실험을 하고 있다고 주장

하기도 한다. 오싹하지?

 이런 미스터리 사건을 듣다 보니까 출출해졌다고(실제로 그런 사람들이 있다)? 염려 마시라. 곧 간식 시간이 될 테니까. 다음 장은 군침이 도는 먹을 것들로 가득 차 있다. 물론 그것들에게 잡아먹히지 않을 경우의 이야기이지만…….

바글바글 바닷속 동물

인류는 지구에 살기 시작한 이래 낚시를 해 왔다. 어떤 곳에서는 아직도 원시적인 방법으로 낚시를 한다. 그런 곳의 어부들은 아직도 수천 년 전에 쓰던 것과 똑같은 작살과 낚시 바늘과 낚시줄을 사용하고 있다. 파푸아뉴기니(오스트레일리아 북동쪽에 있는 나라)의 어부들은 거대한 거미줄을 그물로 쓰기도 한다(물론 쓰기 전에 거미부터 내쫓아야 하겠지?).

많은 나라에서 어업은 아주 큰 산업이다. 지구상에서는 매년 7500만 톤의 물고기가 잡힌다. 오늘날의 저인망 어선은 고도의 기술을 사용한다. 컴퓨터와 음파 탐지기*를 사용해서 고기 떼를 찾은 다음, 수 km 길이의 거대한 그물로 고기를 잡는다. 어떤 배들은 사실상 물 위에 떠다니는 생선 공장이다. 그런 배에는 고기를 씻어서 냉동 포장하는 시설까지 있다. 여러분이 정어리라면, 정말 재수 없는 때에 태어났다. 그런 배들이 주로 잡는 물고기가 정어리니까.

* 음파 탐지기란, 소리로 된 신호음을 내보내는 일종의 레이더야. 신호음이 정어리 떼에 닿으면 메아리가 되어 돌아오는데, 그 메아리를 배 안에 있는 컴퓨터가 잡아서 스크린에 보여 주지. 그렇게 해서 고기 떼를 찾는 거야.

도대체 물고기가 뭐야?

　물론 물고기가 뭔지 모르는 사람은 없겠지? 물고기에 관한 여러분의 상식을 테스트해 볼까? 다음 중 사실이 아닌 거짓 두 가지는 어느 것?

1. 물고기는 냉혈 동물이다(냉혈 동물은 주위 환경의 온도에 따라서 체온이 변하는 동물을 말한다. 변온 동물이라고도 한다).
2. 물고기는 바닷물과 민물에서 산다.
3. 물고기는 물 속에 녹아 있는 산소로 숨을 쉰다.
4. 물고기도 사람처럼 폐로 호흡한다.
5. 대부분의 물고기들은 몸이 비늘로 덮여 있다.
6. 물고기는 지느러미를 이용해서 움직인다.
7. 모든 물고기에겐 단단한 뼈대가 있다.
8. 어떤 물고기들은 물 밖에서도 살 수 있다.

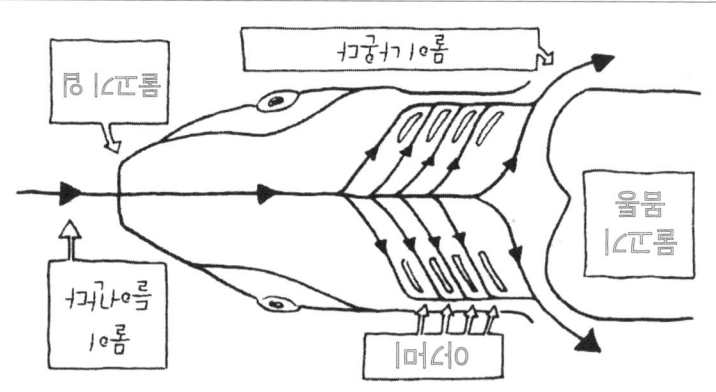

4, 7. 물고기는 폐가 없다. 대신에 아가미가 있어 아가미로 숨을 쉰다. 물고기는 수용을 통해 물과 아가미를 받 들여 물에 녹아 있는 몸을 빨아들 인다. 그래서 물에서 나오면 숨을 쉬지 못하고 죽는 것이다. 상어에겐 단단한 뼈가 없고 물렁물렁한 연골이 있을 뿐이다.

답: 4, 7.

> 7. 상어야, 기죽이지 좀 마! 가라앉는 걸 막기 위해(정작) 대개 공기주머니를 몸 안에 달고 있다. 그러나 상어, 가오리처럼 공기주머니 없이도 잘 살 수 있는 물고기도 많다. 그 대신 간에 기름을 잔뜩 넣고 다닌다. (그렇다고 바다가 경유나 중유 저장소는 아니다.)

물고기 세계의 진기한 기록 보유자들

최초의 물고기 최초의 물고기는 5억 년도 더 이전으로 거슬러 올라간다. 몸길이는 고작 4 cm에 불과했고……

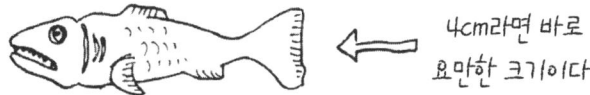

4cm라면 바로 요만한 크기이다!

작은 이빨을 갖고 있었다. 오늘날엔 약 25,000종의 물고기가 알려져 있는데, 매년 100여 종이 새로 발견되고 있다. 사실, 바다에는 수많은 종류의 물고기가 있어서 양서류, 파충류, 조류, 포유류가 다같이 덤벼도 상대가 안 될 정도이다.

가장 빠른 물고기 속도라면 돛새치를 따를 물고기가 없다. 특히, 단거리 경주에서는 천하 무적이다. 돛새치는 물의 저항을 덜 받기 위해 지느러미를 몸에 찰싹 붙이고 시속 100 km 이상의 속도로 질주한다.

가장 느린 물고기 해마(海馬)는 바다에서 가장 이상하게 생긴 물고기일 뿐만 아니라(도대체 말대가리 같은 머리를 가진 물고기라니!), 가장 느린 수영 선수이다! 아무리 서둘러도 1 km를 가는 데 꼬박 3일이 걸린다! 더욱 이상한 점은, 수컷이 새끼를 낳는다는 것! 수컷이 배에 작은 주머니를 만들면, 암컷이 그 안에다 알을 뿌린다(그런 다음, 암컷은 수컷을 버려 두고 가 버린다). 2주 후에 수백 마리의 새끼들이 주머니 밖으로 나온다. 그리고는 제일 먼저 꼿꼿이 서서 수영하는 법을 배운다!

최고의 비행사 날치는 적에게 잡아먹히지 않기 위해 바다 위로 점프한 뒤, 날개처럼 생긴 지느러미를 이용해 공중을 난다. 그런데 드물게 적이 끝까지 쫓아 올 때가 있다. 한번은 대서양에서 배에 타고 있던 고양이가 날치를 잡기 위해 바다로 뛰어들었다가 실종된 일이 있었다.

가장 작은 물고기 드넓은 바다에서 가장 작은 물고기는 인도양에 사는 난쟁이망둥어이다. 녀석들은 너무 작기 때문에 숟가락 안에서 유유자적하게 헤엄쳐 다닐 수도 있다.

가장 나이 많은 물고기 지금까지 가장 오래 산 물고기는 88세의 나이로 1948년에 죽은 푸티라는 암컷 뱀장어이다. 푸티는 1860년에 사르가소 해(대서양에 있는 바다)에서 태어나, 그 후 스웨덴의 수족관에서 살다가 죽었다. 물고기의 나이를 알아내는 건 쉬운 일이 아니다. 우선 물고기를 잡아서 죽여야 한다. 그런 다음, 비늘과 뼈대에 있는 나이테를 세어 본다. 장난이 아니지?

가장 쑥쑥 자라는 물고기 험난한 바다의 세계에서는 매일 먹고 먹히는 생활이 반복된다. 그래서 개복치는 종족을 보전하기 위해 수백만 개의 알을 낳는데, 그 중에 극소수만이 살아남는다. 갓 태어난 개복치는 완두콩만하지만, 그 몸집은 굉장한 속도로 자란다. 다 자란 개복치는 새끼개복치의 1천 배가 넘는다(그 무게와 크기는 소형 트럭과 맞먹는다). 정말 대단하지?

가장 먹기 위험한 물고기 정말로 목숨을 걸고 맛있는 요리를 먹고 싶다면, 복어를 먹어 보라. 그런데 일본에서는 그렇게 무서운 복어를 최상의 요리로 친다. 복어의 심장과 간, 피 그리고 창자에는 무서운 독이 들어 있는데, 아주 약간만 먹어도 사망할 수 있다. 그래서 복어 요리사는 독이 있는 부분들을 도려내는 방법을 배운다. 그렇지만 만약에 실수를 한다면? 먹은 사람은 이미 이 세상 사람이 아니지, 뭐.

복어 독을 먹으면 처음엔 온몸에 마비가 오고, 이어서 경련이 일어난다. 치료법? 확실한 건 없다. 그렇지만 진흙탕 속에다 목까지 파묻으면 효과가 있다는 말이 있다.

가장 욕심 사나운 물고기 물고기도 멀미를 한다. 정말이라니까! 물고기를 물통에 넣고 흔들어 보라고(단, 집에서는 하진 말 것)! 그런데 어떤 물고기는 너무 많이 처먹어서 토하기도 한다. 특히 블루피시(bluefish)는 배가 터지게 먹고는 사방에다 웩…! 메스껍지?

최대의 어획량 1986년, 노르웨이의 어선이 단 한 번의 출어로 1억 2000만 마리의 물고기를 잡았다. 노르웨이 국민 한 명당 30마리꼴. 한편, 지금까지 낚싯대로 잡은 가장 큰 물고기는 전설적인 백상아리였다. 그 무게는 자그마치 1톤이 넘었다.

그런데 바다에는 물고기(어류)만 있는 것이 아니다…….

도대체 갑각류가 뭐야?

엄격히 말해서, 갑각류는 물고기가 아니다. 새우, 게, 바닷가재 등이 갑각류인데, 대개 딱딱한 껍데기가 연약한 몸을 보호하고 있다. 갑각류는 대부분 바다에서 살지만, 쥐며느리는 예외. 그럼, 어디에 사느냐고? 정원의 돌 밑을 들춰 보라.

가장 큰 갑각류는 일본거미게이다. 얼마나 큰지, 거대한 두 집게발 사이에 말이 들어갈 정도! 거미게는 기다란 다리 때문에 '죽마게'라고도 부른다. 현재까지 최고 기록은 다리 길이 3.6 m에 무게 18 kg! 이 거대한 갑각류는 바다 밑바닥에서 살면서 다른 갑각류나 벌레 또는 연체동물을 잡아먹는다. 그러나 여러분이 발가락을 지나치게 가까이 대지 않는 한, 사람을 물지는 않는다.

발가락 이야기가 나왔으니까 말인데, 진짜로 조심해야 할 것은 복서게(boxer crab)이다. 물리면 지독하게 아프다. 그런데 복서게는 톡 쏘는 말미잘을 양쪽 집게발에 쥐고 적을 속인다. 그래서 적이 가까이 오면 적의 얼굴에다 말미잘을 들이댄다. 좋았어! 그렇지만 집게발은 늘 말미잘을 쥐고 있기 때문에 먹이는 나머지 다리로 아동바동 먹어야 한다.

덩치가 작은 갑각류로는 콩게가 있다. 콩게는 조개나 굴 껍데기 속에 살면서 아가미를 통해 나오는 찌꺼기를 얻어먹고 산다. 물론, 덩치가 다는 아니다. 크릴새우는 몸집이 작은 대신, 수로 승부한다. 크릴새우가 어마어마한 떼로 몰려다닐 때에는 전체 무게가 1000만 톤에 이르며, 우주에 떠 있는 인공위성에 포착될 정도이다. 크릴새우는 물고기, 바다표범, 흰긴수염고래의 주요 먹이가 된다. 얼마 안 있어 여러분의 식탁에도 올라올지 모르지. 러시아에서는 날로 인기를 얻고 있다고 하는데, 사실 크릴새우 요리법은 생각보다 쉽지 않다.

1. 먼저 크릴새우를 잡는다. 물론 쉽지 않다. 가장 큰 크릴새우는 얼어죽기 딱 좋은 남극해에 사니까. 건투를 빈다!

2. 재빨리 요리한다. 크릴새우는 순식간에 썩으니까. 욱!

3. 양념을 한다. 비린내가 약간 나는 것말고는 거의 아무 맛도 나지 않으니까.

4. 마지막으로 최대의 고비! 흰긴수염고래에게 다른 먹이를 찾아 주도록. 그것도 아주 많이 찾아 주어야 한다.

덜 번거로운 점심을 먹고 싶다면, 바닷가재는 어때? 바닷가재는 너무나도 맛있어서 사람들 등쌀에 살아가기가 힘들다고

한다! 살아 있는 바닷가재는 대개 갈색의 몸에 반점이 있지만, 요리사가 끓는 물에 넣으면 단 6분 만에 선홍색으로 변해 먹기 좋은 요리가 된다. 잔인하다고? 그렇게 생각한 요리사가 한 명 있었는데, 그는 바닷가재를 요리하기 전에 고통을 느끼지 못하도록 등을 쓰다듬으며 최면을 걸었다고 한다.

매년 가을, 아메리카닭새우는 수천 마리씩 떼를 지어 수백 km의 대서양 해저 도보 여행을 시작한다. 이들은 안전상 일렬로 늘어서서 꼬리에 꼬리를 물고 앞으로 나아간다. 최고 60일까지 밤낮으로 여행을 하는데, 휴식 없이 한 번에 약 50 km를 간다. 왜 그런 고생을 하느냐고? 바로 신선한 먹이를 구하기 위해서! 첫 번째 겨울 폭풍과 함께 바다의 온도가 뚝 떨어지면, 닭새우들은 여행을 떠나야 할 때가 되었음을 안다. 그러나 이 먼 여행의 종착역은 사람들의 냄비 속이 되기도 한다.

흐물흐물 연체동물

연체동물도 물고기가 아니다. 연체동물이란, 대합, 조개, 굴, 오징어, 문어 등과 같은 동물을 말한다. 연체동물 중에도 부드럽고 연약한 몸을 보호하기 위해 갑각류처럼 딱딱한 껍데기를 갖고 있는 것이 많다. 그러나 모두 그런 것은 아니다.

연체동물에 관한 놀라운 사실 아홉 가지

1. 가장 커다란 연체동물은 대서양대왕오징어로, 몸길이가 16 m까지 자란다(몸통은 6 m, 징그러운 다리는 10 m까지). 그 정도라면 껍데기가 없어도 무서울 게 없지.

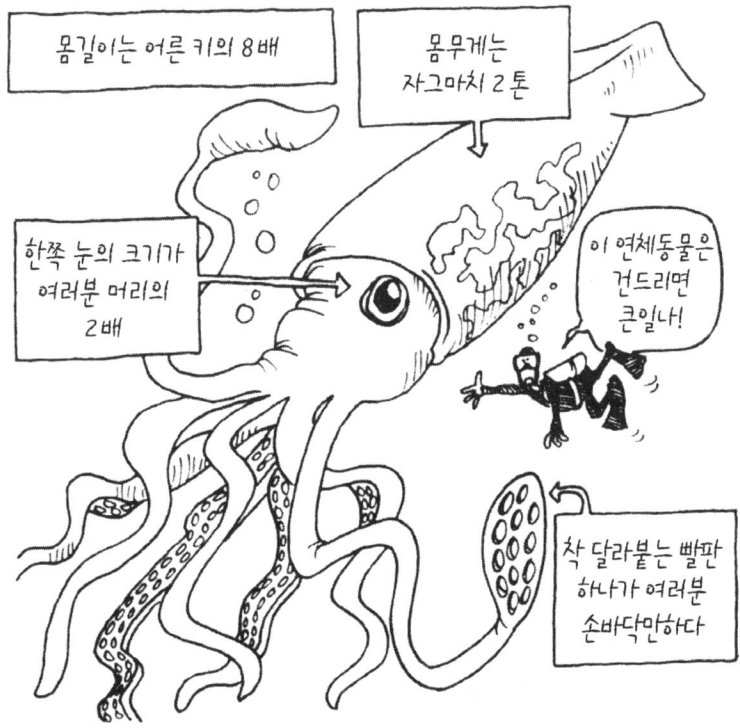

세월이 흐르면서 선원들 사이에는 배를 뒤집어엎을 정도로 거대한 바다 괴물에 대한 소문이 떠돌기 시작했다. 그 이름은 선원들의 뇌리 속에 공포의 대상으로 자리잡았는데, 바로 이름만 들어도 간담이 서늘해지는 크라켄(kraken : 노르웨이 바다에 나타난다는 전설적 괴물)이다. 크라켄은 거대한 빨판이 달린 촉수에, 가장 굵은 대들보도 쪼개 버릴 만큼 날카로운 입을 갖고 있다고 했다 크라켄은 몸집이 하도 커서 선원들이 섬으로 착각하고 상륙한 적도 있다고. 한 정신 나간 주교는 크라켄의 등에 제단까지 차린 뒤 무릎 꿇고 기도했단다! 그건 그렇고, 이 괴물이 정말로 존재한다면, 그 정체는 무엇일까? 과학자들은 대왕오징어의 소문이 과장된 것이 아닐까 생각한다.

2. 사실, 오징어는 신경이 우리보다 100배쯤 빽빽이 나 있는 예민한 생물이다. 더군다나 위험한 동물은 결코 아니다. 절대로! 지금까지 오징어 때문에 죽었다고 알려진 예는 난파당한 한 선원의 이야기뿐이다. 거대한 오징어가 나타나 구명정에서 소리치는 선원을 바닷속으로 끌고 들어갔다고 한다.

3. 문어는 오징어와 아주 가까운 친척이다. 가장 커다란 문어는 태평양에 사는데, 다리를 쫙 펴면 길이가 9 m가 넘는다. 그런 녀석이 여러분을 돌돌 감고 있다면? 공포에 떨 필요는 없다. 대부분의 문어는 아주 작으니까. 가장 작은 녀석은 다리 길이가 5 cm에 불과하다.

4. 갑오징어도 오징어의 사촌뻘. 이 얌전한 연체동물은 딱딱한 껍데기가 몸 속에 들어 있는데, 그것을 이용해 물 속을 떠

다닌다. 갑오징어는 가끔 갯벌까지 휩쓸려 오기도 한다. 갑오징어는 피부에 있는 작은 색소 세포를 이용해 순식간에 몸 색깔을 바꿀 수 있는데, 적으로부터 몸을 숨기거나 짝을 찾는 데 사용한다. 만약 주위에 숨을 곳이 없다면, 갑오징어는 적을 향해 진한 먹물을 발사한다. 그리고 그 순간을 이용해 도망친다. 꾀가 대단하지?

5. 세상에서 가장 큰 조개는 산호초 근처에 사는 대왕조개이다. 어떤 대왕조개는 껍데기가 너무 커서, 그 안에서 느긋하게 목욕도 할 수 있다고 한다. 그렇지만 조개 껍데기에 발이 끼였다는 이야기는 믿지 말도록! 조개 껍데기가 닫히는 속도는 너무 느려서 다칠래야 다칠 수가 없으니까.

6. 바닷물이 만조가 되면, 쟁기고둥은 물을 빨아들여 관처럼 생긴 발에 채운 뒤, 그 발을 서프보드처럼 타며 먹이를 찾아다닌다. 그리고 물이 빠져 나가면 갯벌에 땅을 파고 숨는다.

7. 삿갓조개는 파도에 휩쓸려 가지 않기 위해서 자기 몸무게보다 2000배나 큰 힘으로 바위에 찰싹 붙어 산다. 그리고 썰

물이 되면, 마치 잔디 깎는 기계처럼 앞뒤로 움직이며 바위에 자라는 녹조류를 먹는다.

8. 조개 껍데기는 오랫동안 화폐로 사용돼 왔다. 옛날 아프리카에서는 닭 한 마리 값으로 개오지 껍데기 25개, 소 한 마리 값으로는 2500개를 냈다. 뿐만 아니라, 개오지는 보석이나 행운의 상징, 심지어는 미라의 눈동자로 쓰이기도 했다. 아시아의 어떤 나라에서는 왕이 죽으면 다음 세상에서 쓰라고 입 안에 9개의 개오지를 넣어 주었다고 한다. 귀족은 7개, 평민은 달랑 1개만 넣어 주었다.

9. 마지막으로, 홍합은 '수염'이라고 부르는 짧고 가느다란 검은 털을 이용해서 바위에 붙어 산다. 희한한 것은 그 수염이 발에서 뻗어 나와 있다는 사실. 그리고 더욱 희한한 것은 옛날 이탈리아인들이 그 수염을 채집하여 옷감을 만들었다는 사실. 그 옷감의 촉감이 그렇게 부드럽다나?

지금까지 소개한 생물 중에서 군침이 넘어가는 게 있었는지? 어떤 것이 먹을 수 있는 것인지 아는지? 잠깐만! 칼과 수저를 가지러 가기 전에 먼저 선생님에게 다음의 퀴즈들을 내 실력을 테스트해 보자. 식중독이라도 걸리면 큰일이잖아. 안 그래?

먹을 수 있는 바다 생물은?

영국과 미국 사람들은 아래 생물들을 다음과 같은 이름으로 부른다. 그러나 먹음직한 이름이 붙었다고 해서 다 먹을 수 있는 것은 아니다. 아래의 명단을 선생님에게 보여 주고, 먹을 수 있으면 "냠냠!", 먹을 수 없으면 "으악!" 하고 소리치라고 하라(단, 어떤 선생님은 못 먹는 게 없다는 점을 명심할 것).

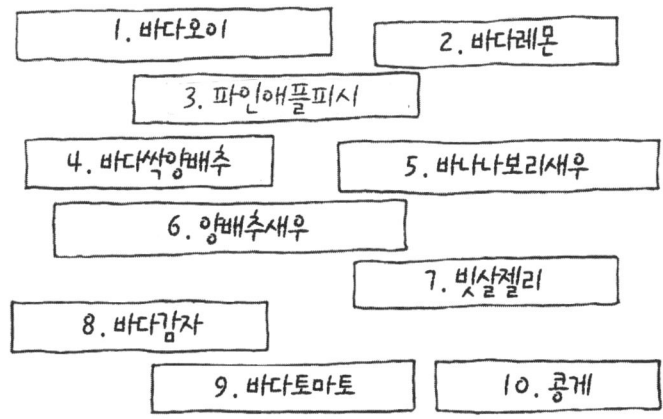

1. 바다오이
2. 바다레몬
3. 파인애플피시
4. 바다싹양배추
5. 바나나보리새우
6. 양배추새우
7. 빗살젤리
8. 바다감자
9. 바다토마토
10. 콩게

답:

1. 냠냠! 바다 오이(sea cucumber) = 해삼. 일본 사람들은 없어서 못 먹는다. 해삼은 소시지처럼 생긴 작은 생물로, 불가사리, 성게 등과 같은 가족에 속한다. 해삼은 바다 밑바닥을 어슬렁거리며 남이 먹다 남긴 찌꺼기를 찾아 먹는다. 배고픈 물고기가 달려들면 해삼은 기막힌 방법으로 방어한다. 바로 적을 향해 끈적끈적한 창자를 발사하는 것. 국수 가락 같은 창자로 물고기를 꼼짝 못 하게 한 다음, 꽁무니를 뺀다. 그러나 걱정할 것 없다. 해삼의 창자는 금방

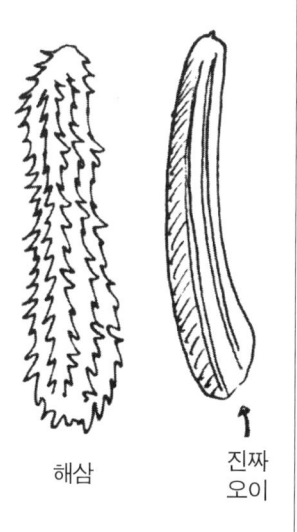

해삼   진짜 오이

다시 자라니까. 이래도 먹고 싶어?

2. 으악! 바다레몬(sea lemon)은 일종의 갯민숭달팽이인데, 녀석들은 누가 방해를 하면 강한 산을 내뿜는다. 그래서 그 악명이 산만큼이나 높다고.

3. 냠냠! 파인애플피시(pineapple fish)는 파인애플처럼 노랗고 가시가 달린 물고기로, 먹을 수는 있지만(이것도 일본인이 좋아한다!), 과일 맛하고는 거리가 멀다. 한편, 파인애플피시는 애완 동물로 키울 수도 있다. 이상하게 생긴 외모를 갖고 있을 뿐만 아니라, 어둠 속에서 환하게 빛나기 때문에(턱 아래에 빛을 내는 두 개의 반점이 있음) 가까운 수족관에 가면 쉽게 찾아볼 수 있다.

4. 으악! 아이고, 미안! 이건 그냥 지어 낸 거야.

5. 냠냠! 바나나보리새우(banana prawn). 대부분의 보리새우와 새우는 먹을 수 있다. 물론 바나나 맛이 나는 녀석은 없지만. 동남 아시아에서는 바나나보리새우(그리고 인도보리새우, 호랑이보리새우, 노랑보리새우도)를 거대한 '물고기 농장'에서 기른다. 이 농장은 거대한 바닷물 연못으로, 새우들을 기르면서 빨리 자라게 하기 위해 영양이 풍부한 해조류를 먹인다.

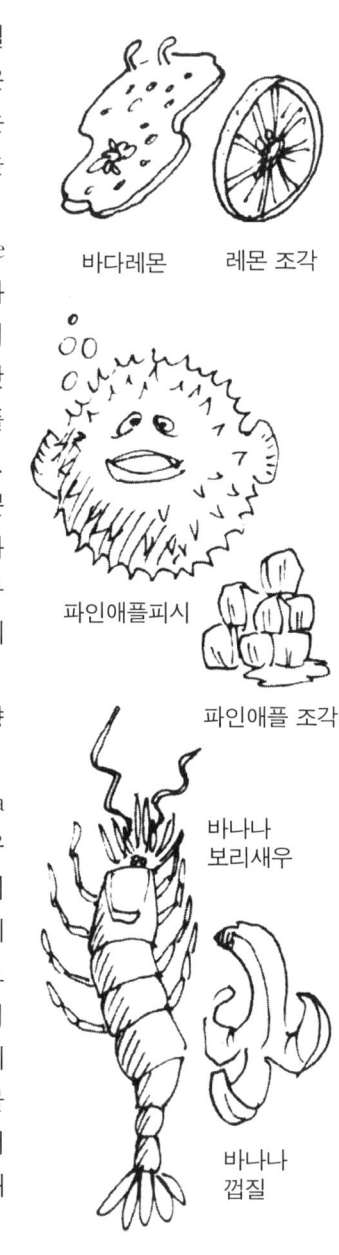

바다레몬   레몬 조각

파인애플피시

파인애플 조각

바나나 보리새우

바나나 껍질

6. 으악! 양배추새우라니, 세상에 그런 것은 없다. 백합새우, 청소부새우, 풍년새우, 진흙새우는 있다. 심지어는 주머니쥐새우, 해골새우도 있다. 그러나 양배추새우란 건 없다.

먹음 직스런 양배추 요리

7. 으악! 빗살젤리(comb jelly) = 빗살해파리. 빗살해파리는 빛을 발하며 망망대해를 떠다니는 젤리 덩어리처럼 생겼지만, 이 젤리는 여러분이 생각하는 그 젤리가 아니다. '빗살'은 해파리가 헤엄칠 때 흔드는 뻣뻣한 술을 보고 붙은 이름이다. 빗살해파리는 입으로 물지는 않는다. 대신에, 끈적끈적한 촉수로 저녁거리를 한 방에 보낸다.

빗살해파리

빗을 꽂은 젤리

8. 냠냠! 바다감자(sea potato)란, 성게를 말한다. 우리나라에서는 성게를(심지어 알까지) 식용으로 잡아먹으며, 어떤 사람들은 샐러드에 곁들이기도 한다. 그러나 손가락을 조심하도록! 어떤 성게들은 적으로부터 자신을 지키기 위해 날카롭고 독이 있는 가시로 몸을 감싸고 있으니까. 물론 여러분도 그 적에 포함된다. 한편, 성게의 가시는 모래 밑으로 몸을 숨길 구멍을 파는 데 사용되기도 한다.

성게

으깬 감자

9. 으악! 바다오이(해삼)와 바다상추(sea lettuce : 갈파래)는 있지만, 바다토마토는 없다.

10. 냠냠! 그러나 콩게(pea crab)는 한두 마리 먹어서는 간에 기별도 안 간다. 사실, 콩게는 어부들에게 별로 인기가 없다. 기껏 잡은 홍합 안에 콩게가 살고 있어 홍합을 못 먹게 망쳐 놓기 때문.

그런데 아직도 구미가 당기는 것이 없다고? 그렇다면 에스키모족의 음식을 먹어 보는 건 어때? 에스키모족은 얼음으로 뒤덮인 북극에 살면서 물고기를 낚거나 총이나 작살로 바다표범, 해마, 고래 등을 사냥한다. 최고의 진수성찬은 바다표범! 그 중에서도 특히 바다쇠오리(바다새의 일종)를 잔뜩 먹은 녀석을 최고로 친다. 바다표범은 에스키모족에게 아주 중요한 동물이어서, 전설에까지 등장한다. 그러면 바다표범이 바다에 살게 된 사연이 담겨 있는 에스키모족의 전설을 들어 볼까?

바다표범은 어쩌다 바다에서 살게 되었을까?

옆에서 끊임없이 잔소리를 해 대는 아빠가 있으면 딸 노릇 하기가 정말 고달프다. 그 딸이 바다의 여신이라면 더더욱 골치 아프다. 할 일이 너무 많아서 자신을 돌볼 여유도 없을 테니까 말이다.

바다의 여신 세드나(Sedna)는 아버지와 함께 바닷가의 집에서 살고 있었다. 그녀는 예쁜데다가 머리도 좋았기 때문에 (사실은 공주병 환자였다) 청혼하는 남자가 줄을 이었다. 그러나 콧대 높은 세드나는 전부 퇴짜를 놓았다. 그러던 어느 날, 멋들어진 깃털 옷을 입은 잘생긴 사냥꾼 청년 하나가 카누를 타고 왔다.

"나와 함께 굶주림이 없는 새들의 땅으로 갑시다"라고 그는 말했다. "당신에게 따뜻한 곰 가죽 이불을 마련해 주고, 당신의 컵이 마를 날이 없게 하겠소. 어쩌고저쩌고……." (그런 식으로 깃털 인간은 한참 떠들어 댔다.)

어떤 여자가 그 달콤한 청혼을 거절할 수 있겠는가? 세드나는 이렇게 잘생긴 남자는 처음 보았다. 어떻게 해야 할까? 마음은 따라가자고 하지만, 차가운 이성은 안 된다고 말렸다. 잘생긴 사냥꾼은 대답을 기다렸다. 세드나는 마침내 마음의 결정을 내리고 카누에 올라탔다. 그리고 두 사람은 노을 속으로 함께 노를 저어 갔다…….

그런데 그 잘생긴 사냥꾼은 진짜 사냥꾼이 아니라, 바다새의 정령이 인간으로 변신한 것이었다. 그는 세드나를 너무나도 사랑한 나머지, 그녀를 얻기 위해 수단과 방법을 가리지 않은 것이었다. 그는 자신의 비밀에 대해 입(실제로는 부리)을 굳게 다물었다. 그러나 마침내 세드나는 진실을 알아 냈다. 그녀는 차라리 죽고 싶은 심정으로 울고 또 울었다. 그러던 어느 날, 바다새가 집에 없을 때, 세드나의 아버지가 찾아왔다. 바로 그녀를 데리러 온 것이었다. 곰 가죽 이불 따위야 있든 없든 이제 상관 없었다.

　바다새는 집에 돌아와 아내를 찾았지만, 그녀는 보이지 않았다. 바람이 자초지종을 설명해 주었다. 바다새는 사람으로 변신하여 카누를 타고 뒤쫓아갔다. 그는 곧 세드나와 그녀의 아버지를 따라잡았다. 그는 집에 돌아가자고 빌고 또 빌었다. 그러나 아버지는 세드나를 배 밑바닥에 숨겨 놓은 채 사냥꾼을 얼씬도 못 하게 했다.

　"좋아요," 사냥꾼이 말했다. "그렇다면 각오하세요." 도대체 뭘 각오하란 말인가? 그는 바다새로 변한 다음, 날개를 쫙 펴고 목청 높이 울면서 친구들에게 도움을 청하러 날아갔다. 갑자기 무서운 폭풍이 바다를 덮쳤다. 친구 새들의 정령이 바다새를 위해 힘을 쓴 것이었다. 이제 누군가가 희생되어야만 했다. 세드나의 아버지는 겁이 나서 죽을 것 같았다. 평생 동안 정령을 무서워해 왔던 그는 오금이 저려 미칠 것만 같았다. 방법은 하나뿐이었다. 그는 소중한 딸을 제물로 바치기로 했다. 그래서 세드나를 번쩍 들어서 바다에 던졌다!

　세드나는 물에 빠지지 않으려고 뱃전을 붙잡고 늘어졌다. 그러나 정령을 무서워하는 아버지가 그걸 가만 둘 리 없었다. 그는 도끼를 집어서 세드나의 손가락을 잘라 버렸다.

세드나는 천천히 바다 밑으로 가라앉았다. 그런데 놀랍게도, 그녀의 손가락은 죽지 않았다. 손가락들은 바다표범, 고래, 해마로 변해서 바다에서 살게 되었다. 세드나가 죽자, 폭풍이 멈추고 바다가 잔잔해졌다. 아버지는 모든 걸 잊으려고 애쓰며 집으로 돌아왔다. 그러나 그 날 밤, 산더미 같은 파도가 해안을 덮쳐 집을 삼켜 버렸다. 물론 집 안에 있던 아버지도 바닷속으로 휩쓸려 갔다. 그 곳에서 그는 세드나와 다시 만났다. 아버지를 만난 세드나가 뭐라고 했을까? 그건 아무도 모르지!

오늘날 에스키모 족이 바다표범이나 해마 등 사냥감을 많이 달라고 기원하는 의식에서는 부족민 중 한 사람이 깊은 무아지경에 빠진다. 그리고 마음의 눈을 통해 바다 밑바닥에 내려가 세드나에게 풍작을 부탁한다. 세드나는 마음이 내키면 부탁을 들어 주지만, 부탁을 들어 주지 않을 때도 있다고 한다.

우글우글 바닷속 보물

자, 지금부터 물고기, 게, 연체동물, 바다표범 등은 잠시 잊어버려라. 바다 밑에는 우리가 유용하게 쓸 수 있는 물건들이 아주 많으니까. 소금, 해초, 난파선과 함께 가라앉은 보물, 비싼 보석인 진주 등등, 바다는 온갖 귀중한 물건들로 가득 차 있다. 그 중에는 금처럼 찾기 힘든 것도 있다. 바닷물 속에는 전부 약 700만 톤의 금이 들어 있다. 그 정도면 전세계 사람들에게 한 덩어리씩 나누어 주고도 남는다. 그러나 그 금을 캐내기가 어디 쉬워야 말이지. 금보다 조금 쉬운 것부터 캐내기로 하자. 석유도 바다에서 나는 귀중한 자원 중 하나!

1. 우리가 사용하는 석유 중 1/5은 해저에서 생산된다. 그러면 석유는 어떻게 생기며, 또 그것을 어떻게 찾아 내는지 알아보자.

① 수백만 년 전, 바다는 아주 작은 식물과 동물로 가득 차 있었다.

② 생물들이 죽은 시체가 바다 밑바닥으로 가라앉았다.

③ 그 위에 모래층과 진흙층이 층층이 덮였다.
④ 그 모래와 진흙이 바위로 변했으며…….
⑤ …… 그리고 시체 더미를 짓눌러 끈적끈적한 석유로 변화시켰다.
⑥ 여기서 새어 나온 석유는 위로 올라가다가 단단한 바위층에 갇혔다.
⑦ 그리고 수백만 년이 흐른 후, 지질학자들이 찾아와 해저의 암반 구조를 자세히 조사하여 석유가 있을 만한 지점을 추측한다. 지질학자들은 정말 대단하지?

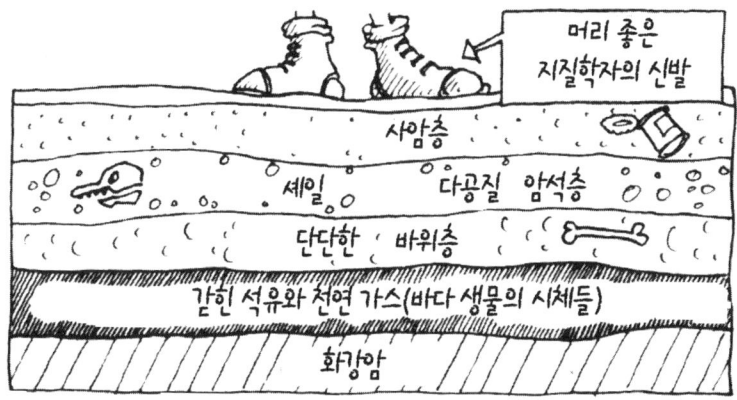

⑧ 석유가 있는지 실제로 확인하기 위해 시험삼아 구멍을 뚫어 본다. 재수가 좋아 석유가 나오면 지질학자들은 떠나고, 기술자들이 적당한 곳에 석유 굴착 장치를 세운 뒤 파이프로 석유를 끌어올려 정유 공장으로 보낸다. 정유 공장에서 나온 석유는 배로 필요한 곳에 운반된다. 그러고도 할 일이 너무너무 많다.

⑨ 운이 나빠 틀렸다면 ⑦로 돌아가서 다시 시작해야 한다. 또 틀리면 또다시 하고……. 별로 현명한 방법은 아니로군.

세계의 주요 해저 유전은 중동과 미국, 중앙 아메리카와 남 아메리카 그리고 북해에 있다. 북해에서 석유가 처음 발견된 것은 1960년대였다. 그건 정말 대단한 발견이었다! 북해에서는 매일 320만 배럴이라는 엄청난 양의 석유가 생산된다. 돈으로 치면 굉장한 액수이다. 하루에 유전 한 곳에서만 자동차 7만 대에 휘발유를 채울 수 있는 양의 석유가 나온다.

2. 석유는 훌륭한 자원이지만, 영원히 꺼내 쓸 수는 없다. 지금도 그 매장량이 줄어들고 있다. 그럼, 어떻게 해야 할까? 글쎄, 바다에서 다른 방법으로 에너지를 얻으면 어떨까? 이를테면, 파도의 힘을 이용해서 전기를 얻는 방법이 있다. 또, 해양 열 에너지 전환이라는 방법도 있다. 이것은 바다 표면의 따뜻한 물과 깊은 바다의 차가운 물의 온도차를 이용해 전기를 얻는 방법이다. 실제로 하와이와 일본, 미국 플로리다와 쿠바에서 해양 열 에너지 전환 발전소가 가동되고 있다.

4. 해초에다 소금을 쳐서 먹는 것은 어때? 사람들은 1년에 약 600만 톤의 소금을 먹는다. 더운 나라에서는 소금을 쉽게 얻을 수 있다. 먼저 해안가에 넓고 얕은 웅덩이를 판 뒤, 그걸 염전이라고 이름붙여라. 다 팠으면 이제 밀물이 들어올 때까지 기다린다. 염전에 바닷물이 고였는가? 이제 곧 햇빛에 물이 증발할 것이다. 그러고 나면 소금이 생긴다. 간단하지?

5. 사람들이 바닷물에서 소금을 빼내는 것은 단지 소금을 먹기 위해서만이 아니다. 중동의 페르시아만처럼 덥고 건조한 사막 지방에는 바닷가를 따라 거대한 탈염 공장들이 늘어서 있다. 이 곳에서 소금을 제거한 깨끗한 바닷물은 사람들이 마시는 식수로 이용된다. 기발하지?

★ **요건 몰랐을걸!**
최고의 비료는 어떤 것일까? 해초나 말똥, 혹은 집의 장미 덩쿨 주변에 있는 곰팡이 슨 차 봉지가 아닐까? 천만의 말씀! 최고의 비료는 바다새의 냄새 고약한 똥이다! 가마우지의 똥이나 그것이 굳은 구아노(guano)는 말똥보다 50배는 더 강하다. 물론 냄새도 훨씬 강력하고! 한때 페루에서는 해안가에 가마우지가 너무 많이 살아서 구아노에 집이 파묻힐 정도였다고 한다. 어휴, 냄새!

6. 해저 자원을 얻고 싶다면, 태평양 해저로 가 보라. 그 곳에는 지저분하고 검은 덩어리들이 수없이 많이 널려 있는데, 그것은 바로 망간 단괴(團塊)이다(단괴란, 덩어리들을 괜히 고상하게 부르는 말에 불과하다). 망간 단괴 속에는 철과 니켈, 구리도 들어 있다. 그런데 이 단괴들은 희한한 방법으로 생겨났다. 수백만 년 동안 상어 이빨이나 모래 덩어리에 금속이 계속 층층이 들러붙어서 생겨난 것! 망간 단괴는 골프공만한 것에서부터 축구공만한 것까지 있다. 그냥 캐 오기만 하면 여러분은 대번에 떼부자가 된다. 문제는 그것을 어떻게 캐 오느냐 하는 것이지. 현재 과학자들은 커다란 진공 청소기 같은 기계를 만들어 단괴를 캐내는 방법을 모색 중이다.

진주, 진주, 진주!

진짜 한몫 잡고 싶다면 진주를 캐는 건 어때? 진주는 바다가 주는 가장 비싼 선물 중 하나니까. 우선, 어디가 불편해 보이는 굴을 찾아라. 왜냐고? 굴이나 조개 껍데기 속에는 가끔 성가신 침입자가 들어온다. 여러분도 등 한가운데 손이 닿지 않는 부분이 못 견디게 가려웠던 적이 있지? 굴들의 심정이 딱 그렇다고 보면 된다. 그럴 때 굴은 어떻게 할까?

a) 성게의 돌기에다 몸을 문지른다.
b) 진주층으로 감싼다.
c) 무시하고 놈이 제 발로 나가길 기다린다.

답은 **b)**이다. 굴은 그 성가신 놈을 껍데기 안쪽에 늘어서 있는 반짝이는 진주층으로 감싼다. 꿈같은 이야기라고? 그런데 그게 전부가 아니다. 그렇게 수 년이 지나는 동안 진주층이 점점 커져 마침내 둥글고 영롱한 진주가 되는 것이다.

진주는 흰색만 있는 것이 아니다. 핑크색, 보라색, 녹색, 회색, 심지어는 검은색 진주까지 있다. 물론 크기도 다양하다. 지금까지 발견된 것 중 가장 큰 진주는 거대한 대왕조개에서 나왔는데, 크기는 수박만하고, 모양은 두개골 모양이었다고 한다! 그 진주에는 요상한 이야기가 전한다.

전설에 따르면, 그 진주는 약 2500년 전에 중국의 노자(老子)가 대왕조개 안에 행운의 부적을 넣으면서 태어났다고 한다. 왜 넣었느냐고는 묻지 마라.

그리고 조개 안에서 진주가 자라기 시작하였다.

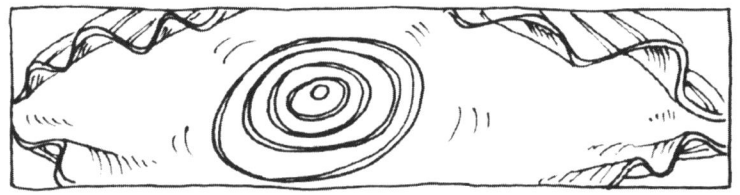

1500년대의 어느 날, 진주와 조개는 태풍에 휩쓸려 실종되었다. 그리고 400년 뒤, 한 수중 다이버가 그것을 다시 발견했다.

진주는 이슬람 국가의 왕에게 바쳐졌다가, 훗날 미국의 한

고고학자에게 팔렸다. 최근에 그 진주는 무려 400억 원에 팔렸다고 한다! 어떤 사람들은 그 진주 속에서 부처나 공자 또는 노자의 얼굴을 보았다고도 한다.

오늘날, 진주는 수지 맞는 큰 사업이 되었다. 더 크고, 더 둥글고, 윤이 더 많이 나고, 핑크빛을 띨수록 값진 진주로 쳐준다. 천연 진주는 아주 비싸다. 바닷속에서 진주를 캐는 게 매우 어렵기 때문이다. 진주를 캐는 잠수부들은 언제나 목숨을 걸고 일한다. 그들의 장비는 아주 조촐하다. 빨래집게, 아니 코집게, 바구니, 추가 달린 밧줄이 전부이다. 산소통 같은 건 없다. 그냥 잠수했다가 숨이 차면 올라온다. 무시무시하지? 진주조개를 열어서 그 안에 진주가 있는지 엿보는 것은 정말 가슴 두근거리는 순간이다. 그러나 과연 목숨을 걸 만한 가치가 있을까? 천만에! 부자가 되는 것은 잠수부들이 아니다. 잠수부들은 어렵게 캐낸 진주를 쥐꼬리만한 돈에 판다.

진주를 찾는 사람이 많아지자, 일본의 한 우동집 아들이 기발한 아이디어를 내, 더 이상 목숨을 걸 필요가 없어졌다. 그가 '양식' 진주를 개발했기 때문. 그 과정은 다음과 같다.

1. 굴을 괴롭히는 전문가가 굴 껍질을 연다.

2. 껍데기(보통 홍합 껍데기) 부스러기를 굴 속에 넣는다.

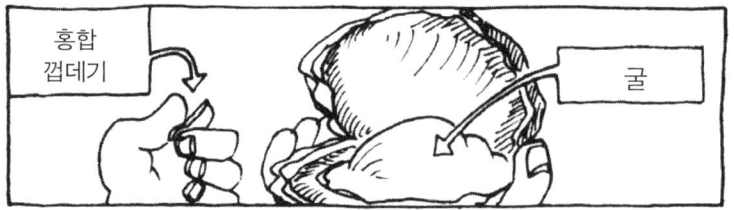

3. 굴 껍질을 닫은 뒤, 굴을 다시 바다에 넣고 기다린다.

4. 굴이 침입자를 진주층으로 감싼다. 그리고······.

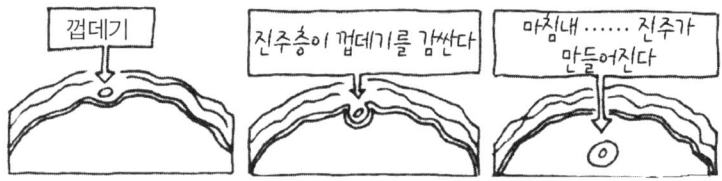

5. 3년 뒤, 굴 껍질을 열어 보면······ 예쁜 진주가 짠!

굴과 진주에 관한 엉터리 같은 사실

1. 여러분이 가지고 있는 진주는 진짜일까, 가짜일까? 이렇게 해 보면 알지! 진주를 이빨에 대고 부드럽게 문질러 보라. 거칠거칠한 것이 느껴지면 천연 진주이거나 양식 진주이다. 부드러운 느낌이 든다면? 안됐군. 그건 모조품이다.

2. 진주 가루는 한때 사랑의 묘약으로 쓰였다(또, 정신병 치료약으로도 쓰였다고 한다). 한편, 굴을 먹으면 이렇게 된다고 생각하는 사람도 있는데, 과연 어떻게 된다는 것일까?
a) 키가 커진다.
b) 머리가 좋아진다.
c) 몸이 아프다.

답 : b) 굴을 먹으면 머리가 좋아진다!

3. 태평양의 진주잡이 잠수부들은 상어를 길들이는 데 탁월한 기술을 갖고 있다. 그들은 진주를 채취할 시간을 벌기 위해 상어의 코에 '뽀뽀'를 해서 상어의 넋을 뺀다. 그 상대가 샌님 같은 너스상어라면 아무 문제가 없다. 그러나 뱀상어라면 그 뽀뽀가 생애 마지막 모험이 될지도!

4. 어떤 굴은 나무에서 자란다. 정말이다. 새끼굴은 어디에 달라붙는 걸 좋아하기 때문에, 사람들이 나뭇가지를 물 속에 넣어 굴이 살 곳을 마련해 준다. 두세 달 후에 나뭇가지를 들어올려 굴을 떼내 통에 넣은 다음, 그 통을 다시 물 속에 넣는다. 이제 진주가 생길 때까지 기다리고 또 기다리면 된다.

5. 모든 굴이 진주를 만들 수 있는 것은 아니다. 바로 그 점이 세상살이의 묘미이기도 하지……

바다의 무법자들

해적이 바다에서 보물을 캐내는 방법은 지나가는 배에 올라가 사람들을 죽인 뒤, 보물을 빼앗아 달아나는 것! 그들은 사납고 고약하고, 알아서 좋을 것 하나 없는 사람들이다. 해적에겐 평판 따윈 상관 없다. 눈앞의 금 덩어리가 최고지.

선생님 골탕먹이기

선생님은 해적이 될 소질이 있을까? 여기 그걸 알아볼 수 있는 질문이 있다.

답 : 그건 해적들이 금귀고리를 하고 있었던 사람이 좋아서라고 믿기 때문이다. 그런데 사실은 오히려 반대다. 금귀고리를 해서 배의 균형을 잡았던 것이다!

보니와 리드의 모험

바다를 호령하던 무시무시한 해적들 중에 악명 높은 두 여자가 있었으니, 바로 앤 보니(Anne Bonny)와 메리 리드(Mary Read)였다. 그들은 따로 떨어져 있을 때에는 별 볼일 없었지만, 같이 있으면 천하 무적이었다. 다음은 두 사람의 파란만장한 생애에 관한 이야기이다.

그 시절, 여자들은 해적선에 타는 게 금지돼 있었다. 만약 배 안에서 여자가 발견되면, 죽음을 당했다. 때문에 여자가 해적이 되는 유일한 방법은 남자로 변장하는 것이었다. 우리의 두 여장부도 바로 그렇게 해서 해적이 되었다.

메리 리드는 1690년, 영국 플리머스에서 태어났다. 어린 시절에 메리는 거의 언제나 남장을 하고 다녔다. 왜냐고? 할머니의 유산을 상속받기 위해 어머니가 그렇게 시킨 것이었다. 할머니를 속여 유산은 상속받았지만, 할머니가 여자애를 싫어했기 때문에 메리는 계속 남자 흉내를 내며 살아가야 했다.

14세가 되자, 메리는 더 이상 참을 수 없었다. 그녀는 집을 나와 바다로 도망쳤다. 그리고 여전히 남장을 한 채 군대에 들어갔다. 그녀는 벨기에의 플랑드르 전투에 참가했다가 잘생긴 군인과 사랑에 빠졌다(그 군인은 그녀의 변장을 알아보았다). 그래서 두 사람이 행복하게 잘 살았느냐고? 그 잘생긴 청년은 병에 걸려 죽고 말았다. 슬픔에 빠진 메리는 낭만적인 카리브 해로 향하는 상선에 올라 다시 바다로 갔다.

한편, 앤 보니도 메리 못지않게 기구한 팔자를 타고났다. 그녀의 아버지는 아일랜드의 부유한 변호사였다. 그러나 얌전한 부잣집 아가씨로 살아가는 건 앤의 체질에 맞지 않았다. 16세가 된 앤은 모험을 꿈꾸었다. 어느 날, 앤은 집을 나와, 잘생겼지만 몸이 약한 선원과 결혼했다. 두 사람은 카리브 해로 향하는 해적선에 몰래 올라탔다. 그런데 앤은 그 배의 선장 '캘리코(옥양목)' 잭 래컴(Jack Rackham)을 보자마자 그만 사랑에 빠지고 말았다.

캘리코란 별명은 그가 늘 자랑스레 입고 다니는 줄무늬 옥양목 바지 때문에 붙은 것이었다. 그는 잔인하고 무자비하고, 그리고 매력적인 사나이였다! 앤은 남편을 차 버리고, 선장실 급사의 옷을 입고서 캘리코 잭의 부하로 들어갔다(캘리코 잭은 앤이 여자란 걸 알았지만, 비밀을 지켜 주었다).

그러던 어느 날, 상선 하나가 사정거리에 들어왔다. "돌격!" 캘리코 잭이 소리쳤다. 그는 말수가 적은 사람이었다.

해적들은 그 배를 약탈한 뒤, 젊은 네덜란드인 선원 마크 리드를 해적단에 합류시켰다. 얼마 지나지 않아 앤은 캘리코 잭(그리고 그의 옥양목 바지)에게 싫증이 나, 신비스러워 보이는 마크 리드를 사랑하게 되었다. 그런데 어쩐지 마크는 앤에게 흥미가 없어 보였다.

그 이유는 오래지 않아 밝혀졌다. 마크 리드는 메리였고, 앤 보니는 여자였던 것이다. 두 사람은 서로의 비밀을 지켜 주면서 힘을 합쳐 가장 무서운 짝이 되었다. 그들은 캘리코 잭의 부하 중에서 가장 무섭고, 욕도 가장 잘 하는 해적이 되었다. 그들의 잔인함은 남자들은 상대도 안 될 정도였다. 1720년, 해적선이 마침내 나포되었을 때, 앤과 메리만이 갑판에서 끝까지 싸웠다. 술에 취해서 뒹굴던 나머지 해적들(캘리코 잭도 포함해서)은 도망가거나 갑판 아래에 숨어 있었다.

그러나 이번에는 앤과 메리도 운이 없었다. 두 사람은 사로잡혔고, 해적질을 한 죄로 재판에서 사형을 선고받았다. 캘리코 잭과 부하들은 교수형에 처해졌다. 잭이 교수형을 받기 전날 밤, 앤은 그의 감옥을 찾아가 이렇게 소리쳤다.

"만약에 당신이 사내답게 싸웠더라면, 이렇게 개죽음을 당하진 않았을 거야!"

그런데 앤과 메리는 임신 중이었기 때문에 처형을 면했다.
"판사님, 우리 뱃속에 든 아기들을 위해 간청합니다." 그들은 이렇게 탄원했다.

두 사람은 운좋게 처형을 면했지만, 메리는 훗날 감옥에서 생을 마쳤다. 앤은 죽지 않고, 어느 날 흔적도 없이 사라졌다. 그리고 얼마 지나지 않아 또 다른 사랑에 빠졌다고 한다.

해적들의 규칙

앤과 메리는 여자였기 때문에 해적들이 중요시하던 규칙을 어긴 셈이다. 해적들에겐 그 밖에도 많은 규칙이 있어서, 항해를 시작하기 전에 성경(또는 도끼)에 손을 얹고 선서를 했다고 한다. 여러분이 해적이라면 그 규칙들을 지킬 수 있을까?

1. 배의 운영에 관해 모두 동등한 발언권을 가지며, 술과 음식은 똑같이 분배한다(비상시엔 예외).

2. 전리품은 공평하게 분배한다. 배에서 도둑질을 한 사람은 (어딘지 모르는 무인도에 혼자) 내다 버린다. 다른 사람의 물건을 도둑질한 사람은 귀와 코를 자른 뒤, 바다에 던져 버린다.

3. 돈을 건 도박을 엄격히 금지한다.

4. 모든 등불과 촛불은 8시 이전에 끈다. 늦게까지 술을 마시고 싶은 사람은 어두운 갑판에서 마셔라.

5. 칼과 총은 언제든지 사용할 수 있게 깨끗이 정비해 둔다.

6. 여자의 승선은 절대로 안 된다. 어떤 상황에서도 불허하며, 발각되면 사형에 처한다.

7. 전투 중 배를 버리고 도망간 사람은 사형에 처하거나 무인도에 내다 버린다.

8. 항해 중 싸움은 엄격히 금지한다. 만약 항해 중에 총이나 칼을 사용한 싸움이 벌어지면 다음과 같이 한다.

① 서로 등을 맞대고 선다
② 항해사의 신호가 떨어지면, 뒤로 돌아서서 총을 쏜다.
③ 두 사람 다 표적(즉, 상대방)을 못 맞혔을 경우에는 ① 단계로 돌아가 단검을 가지고 다시 승부를 겨룬다.
④ 상대방의 몸에 먼저 상처를 입히는 사람이 승자가 된다.

9. 배당금이 1000파운드(약 200만 원)가 되기 전까지는 배를 떠날 수 없다(참고: 부상을 당하면 갑자기 배당금이 늘어날 수 있다. 임무 수행 중에 팔다리를 잃은 사람은 에스파냐 은화 800개를, 한쪽 눈을 잃은 사람은 100개를 더 받는다.)

10. 계급이 높을수록 배당금도 많다. 선장과 항해사는 두 배의 배당금을 받는다. 일등 포수와 갑판장은 1.5배를 받는다. 장교들은 1.25배를 받고, 나머지 사람들은 1배를 받는다.

오늘날의 해적

여러분은 지금쯤, "휴, 옛날에 태어나지 않아 다행이다!"라고 생각하겠지? 슬프게도, 그것은 오산이다. 다음에 소개하는 해적 행위는 지난 10년 동안 일어난 것이다. 오늘날에도 매년 약 150건의 해적 행위가 보고되고 있는데, 아시아와 아프리카, 남아메리카 주변의 바다에서 특히 자주 발생한다. 게다가, 실제 발생 건수는 보고된 것의 약 2배로 추정되며, 해마다 늘고 있다고 한다. 오늘날의 해적들은 돈이나 귀중품, 그 밖에 내다 팔 만한 것들을 노리며, 수단과 방법을 가리지 않는다. 사태가 심각해지자, 국제해운국(IMB)은 말레이시아에 해적들의 활동을 감시하는 본부를 설치하였다. 이 곳에서는 주로 전에 해적으로 활동했던 사람에게서 정보를 입수하여, 그 정보를 해운 회사에 알림으로써 해적의 약탈에 대비하도록 해 준다. 이 일은 아주 위험하다. 때문에 자세한 내용은 극비에 부쳐야만 한다.

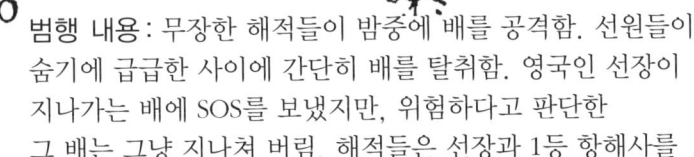

해적들의 범죄 — 1급 비밀

> 범행 날짜 : 1992년 12월
> 장소 : 인도네시아 연안의 자바 해(태평양)
> 배 이름 : 볼티마 제피르 호
> 범행 내용 : 무장한 해적들이 밤중에 배를 공격함. 선원들이 숨기에 급급한 사이에 간단히 배를 탈취함. 영국인 선장이 지나가는 배에 SOS를 보냈지만, 위험하다고 판단한 그 배는 그냥 지나쳐 버림. 해적들은 선장과 1등 항해사를 쏘아 죽인 뒤, 승무원들의 귀중품을 훔쳐 소형 쾌속정을 타고 달아남. 그리고 아직까지 잡히지 않았음.

범행 날짜 : 1993년 1월

장소 : 남중국해(태평양)

배 이름 : 이스트우드 호

범행 내용 : 타이완에서 홍콩으로 돌아가던 이스트우드 호에 30명의 해적이 칼을 휘두르며 승선하여 배를 탈취함. 해적들은 선장에게 하와이로 가자고 명령함. 그리고 500명의 중국인 승객들에게 미국 입국 비자와 새 출발을 할 기회를 주는 대가로 한 사람당 2000만 원씩을 내라고 강요함. 그러나 중국인들은 결국 해적들이 약속한 것 중 아무것도 받지 못했음.

해적들의 계획은 무전 기사가 미국 해안경비대에 신고하는 바람에 실패로 끝나고 말았음.

범행 날짜 : 1992년 8월

장소 : 필리핀 북부 루손 해협(태평양)

배 이름 : 월드 브리지 호

범행 내용 : 중국 해군을 사칭한 15명의 해적이 배를 향해 기관총을 쏘며 선장에게 배를 세우라고 명령함. 선장이 거절하자, 그들은 다시 총을 쏘며 갑판 위로 폭죽을 던짐. 믿기 어렵겠지만, 배는 측면에 50개의 총알 구멍이 난 채로 무사히 빠져 나옴. 더군다나 그 배에는 폭발하기 쉬운 가스와 석유, 등유가 가득 실려 있었는데!

범행 날짜 : 1991년 8월

장소 : 말레이시아 해안(태평양)

○ 배 이름 : 스프링스타 호

범행 내용 : 자동 소총으로 무장한 25명의 해적이 배를 납치함. 그들은 1등 항해사를 쏴 죽인 후, 바다에 던져 버렸음. 승무원들을 이틀 동안 선실에 감금한 채 배에 실린 약 30억 원어치의 가전 제품을 훔쳐서 달아남.

그 물건들은 나중에 싱가포르에서 불법 유통됨.

범행 날짜 : 1995년 9월

장소 : 타이 만(태평양)

○ 배 이름 : 애나 시에라 호

범행 내용 : 당시 애나 시에라 호는 약 54억 원어치의 설탕을 싣고 방콕에서 마닐라로 가고 있었음. 자정이 막 지났을 무렵, 복면을 하고 무기를 든 30명의 남자들이 배를 납치함. 그들은 공포에 떠는 선원들을 음식도 주지 않은 채 구명정에 태워 바다로 띄워 보냄(그들은 나중에 베트남 어부에게 구조되었음). 해적들은 배를 다시 칠하고
○ '북극해' 호라고 이름을 바꾼 뒤, 중국으로 가서 훔친 설탕을 팔았음. 당국은 배를 추적한 끝에 마침내 9월에 해적들을 체포함.

어떤 해적들은 약탈에 성공하여 감쪽같이 도망가지만, 그

렇지 못한 해적들도 있다. 오늘날의 해적들은 특히 많은 주의를 기울여야 한다. 어떤 해적은 훔친 배 안에 휴대폰을 두고 내리는 바람에 붙잡히기도 했다. 경찰은 전화를 몇 차례 걸어 해적이 있는 곳을 알아 냈다.

물론 옛날이나 지금이나 배가 없었다면 이렇게 무서운 약탈 행위도 불가능할 것이다. 자, 그러면 모두 배에 올라타고, 나를 따르라! 이 끔찍한 항해의 다음 장이 기다리고 있으니!

닻을 올려라!

만약 배가 없다면 어떻게 될까? 아마도 무미건조하게 집에서 뒹굴고 있겠지? 사람들은 오래 전부터 배를 타고 고기를 잡고, 세계를 탐험하고, 무역을 하고, 신대륙을 발견했으며, 심지어는 남을 약탈하고 정복하기까지 했다. 만약에 배가 없었더라면 콜럼버스는 아메리카 대륙을 발견하지 못했을 것이고, 타이타닉이라는 영화도 만들어지지 않았을 것이다. 그리고 여러분은 비디오를 보면서 오징어 다리를 뜯지도 못할 것이다(비행기를 타고 오징어를 잡을 순 없잖아?). 초기의 배는 개울 같은 곳을 쉽게 건너기 위해서 만든 단순한 통나무배였다. 그 후로 배는 점점 더 커지고, 성능이 개선되었다. 다음에 역사적으로 이름을 날린 배들을 몇 척 소개하겠다.

역사의 물살을 가른 배들!

기원전 **7000년경** 최초의 배는 네덜란드에서 발견된, 소나무로 만든 통나무배이다. 따지기 좋아하는 몇몇 지리학자들은 그게 배가 아니라고 주장하기도 한다. 그게 배가 아니라면, 학자들은 그것을 무엇이라고 생각할까?

> **답**: 세 가지 다 답이 나온다. 풍차들은 아시다시피, 극히 혼란에 이르기 쉬운 마음의 침잠을 대비치 못했다.

직접 해 보는 실험: 통나무로 카누를 만들어 보자

준비물: 굵직한 나무(곧게 뻗은 것일수록 좋다), 도끼 하나, 널빤지 몇 장, 무한한 인내심

실험 방법:

1. 나무를 벤다(물론 허락을 받은 다음에).

2. 도끼로 가운데를 파낸다.

3. 다 팠으면 거꾸로 들고 불에다 말린다. 그러면 여러분이 앉을 수 있을 만큼 나무가 벌어진다(여기에는 다른 사람의 도움이 필요하다).

4. 안에 널빤지를 대서 앉을 자리를 만든다.

5. 노를 젓는다!

기원전 3000년 고대 이집트인은 돛을 발명했는데, 갈대로 만들었으며, 사각형 모양이었다(고대 이집트인 말고 돛이!).

기원전 2300년 해군을 처음 만든 것도 고대 이집트인이다. 그들은 해군을 원정 보내 새로운 땅을 정복하고, 삼나무 목재와 같은 사치품의 무역도 했다.

기원전 333년경 알렉산더 대왕이 유리로 된 통을 타고 에게

해 밑바닥을 탐사했다. 그렇다는데 믿어야지, 뭐.

800년 바이킹이 '롱십(longship)'이라는 바이킹선을 만들어 냈다. 폭이 좁고 기다란 이 배는 속도가 아주 빨라서 기습 공격에 유리하고, 또 아주 가벼워서 강 상류까지 올라갈 수 있었다. 그러니 바이킹의 발이 닿지 않는 데가 없었고, 그들은 공포의 대상이 되었다. 그들은 적을 겁주기 위해 배에 '기다란 왕뱀'이나 '바람의 검은 까마귀'와 같은 이름을 붙였다. 그리고 뱃머리엔 무서운 용머리를 조각했다.

900년 중국인이 돛대가 여러 개인 배를 발명하여, 더 빠른 속도로 항해할 수 있게 되었다. 중국인들은 방향을 조종할 수 있는 키까지 발명하였다.

1400년 유럽에서 3개의 돛대가 있는 배를 만들었다. 돛이 많으면 더 멀리 그리고 더 빨리 항해할 수 있다.

1620년 네덜란드의 코르넬리우스 반 드레벨(Cornelius van Drebbel)이 최초의 잠수함을 만들었다. 사실은, 가죽으로 감

싼 나무통에 불과했지만, 드레벨은 그 잠수함을 타고 노를 저으며 물 밑으로 런던의 템스 강을 거슬러 올라갔다.

1783년 프랑스의 주프루아 다방(Jouffroy d'Abbans) 후작이 증기선을 발명했다. 그 후 100년 동안 증기선이 바다를 지배하게 된다.

1820년 미국에서 차와 양털을 나르기 위해 쾌속 범선이 만들어졌다. 영어로는 '클리퍼 십(clipper ship)'이라 불렀는데, 여행 시간을 많이 단축시켜(clip) 주어 그런 이름이 붙었다.

1885년 최초의 유조선이 띄워졌다. 오늘날, 대형 유조선은 바다 위를 떠다니는 배 중에서 가장 크다. 초대형 유조선 한 척은 50만 톤의 석유를 운반할 수 있다.

> **★ 요건 몰랐을걸!**
> 1996년 2월, 바다의 여왕이란 이름의 소형(유조선의 기준에서 볼 때) 유조선이 웨일스 해안에서 좌초하여 72,500톤의 기름이 유출되었다. 유출된 기름은 사방 1300 km²의 바다를 뒤덮고, 200 km의 해안선을 오염시켰으며, 수천 마리의 바다새와 물고기와 바다표범을 죽였다. 기름을 제거하는 데에는 수 년이 걸릴 전망.

1955년 미 해군에서 세계 최초의 핵 추진 잠수함 노틸러스 호를 만들었다. 노틸러스호는 첫 두 해 동안 연료 보충 없이 99,800 km를 논스톱으로 항해했다. 1958년, 이 잠수함은 세계 최초로 북극에 도달한 배가 되었다(얼음 밑을 항해하여).

1955년 영국의 크리스토퍼 코커렐(Christopher Cockerell)이 공기 부양선(일명 호버크라프트)을 발명했다. 코커렐은 커피 포트와 고양이 먹이, 진공 청소기 그리고 저울 따위가 너저분하게 널려 있는 방에서 이 발명에 대한 아이디어를 얻었다고 한다. 정말이라니까!

1960년대 최초의 무인 원격 조종 잠수정이 처음으로 선을 보였는데, 주로 깊은 바닷속의 자원을 탐사하는 데 사용되었다.

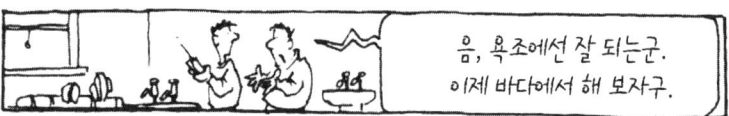

1990년 세계에서 가장 큰 쌍둥선(선체가 두 개인 배)인 시캣 호가 영국에서 띄워졌다. 시캣 호는 일반 여객선보다 2배나 빨랐다.

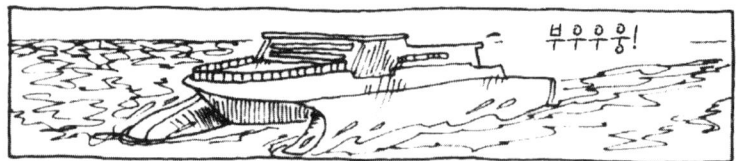

이렇게 수많은 배가 왔다갔다하다 보면 사고가 나게 마련. 실제로 영국과 프랑스 사이에 있는 도버 해협은 하도 붐벼서 배들이 고속 도로의 자동차처럼 정해진 차선(아니, 이건 '규정 항로'라고 한다)을 따라 운항해야 한다고. 배를 아무리 정교하게 만들고, 항해 계획을 정밀하게 짠다 하더라도, 사고를 피할 수는 없다. 다음 이야기는 아마 여러분도 들어 봤을 것이다.

가라앉은 궁전 — 타이타닉 호의 비극

1912년 4월 14일 밤, 세상에서 가장 크고 화려한 호화 여객선 타이타닉 호는 아무 탈 없이 유유히 물살을 가르고 있었다. 영국 사우샘프턴에서 출발하여 미국 뉴욕으로 가는 처녀 항해에 나선 지도 벌써 4일이 지났다. 배에는 모두 2201명이 타고 있었다. 승객 중 한 사람이 안전에 관해 물어 보았다.

아무도 이 말을 의심하지 않았다. 타이타닉 호는 최고의 강철을 사용해 돈을 아끼지 않고 만든 배였다. 길이가 260 m에 9층의 선실을 갖춘 타이타닉 호는 10층짜리 건물보다 높았다. 기차도 통과할 수 있는 거대한 굴뚝이 4개나 있었고, 자동차 8대 무게와 맞먹는 커다란 닻도 3개나 있었다. 그 때까지 그렇게 멋지고 훌륭한 배는 만들어진 적이 없었다.

1912년 4월 10일 수요일 정오, 타이타닉 호는 위풍당당하게 사우샘프턴 항을 출발했다. 악단의 흥겨운 연주가 울려 퍼졌고, 부두의 군중들은 신이 나서 떠나는 배에다 손을 흔들었다.

승객 중에는 세계에서 손꼽히는 부자들도 다수 있었다. 배 안에는 극장과 풀장, 테니스장, 미니 골프장, 온실, 터키탕, 당구장, 무도회장 등등 별의별 시설이 다 갖추어져 있었다. 타이타닉 호에는 말 그대로 없는 게 없었다. 4일 동안은 꿈같은 항해가 순조롭게 진행되었다.

그러나 4월 14일 일요일, 재앙은 순식간에 찾아왔다.

4월 14일 일요일

날씨가 나빠져서 다른 배들로부터 빙산을 조심하라는 경고 무전이 일곱 차례나 왔다.

오후 11시 40분 망 보는 사람이 빙산이 코 앞에 있다고 보고했다. 빙산을 피하기 위해 배를 급히 좌현(왼쪽)으로 틀었지만, 이미 때가 늦었다. 빙산이 배의 우현(오른쪽)을 스치며 선체에 구멍을 냈다. 상갑판(일등실)의 승객들은 뭔가에 긁히는 소리를 듣고, 약간의 흔들림을 느꼈지만, 대부분의 사람들은 잠에서 깨어나지도 않았다. 그러나 아래쪽 갑판에서는 사정이 달랐다.

오후 11시 50분 배의 앞쪽에서 물이 쏟아져 들어와 점점 수위가 올라갔다. 배가 삐거덕거리며 천천히 멈춰 섰다.

4월 15일 월요일

오전 0시 이제 얼마나 큰 손상을 입었는지 명백해졌다. 믿어지지 않지만, 배가 침몰하고 있다. 무전으로 구조 신호를 보내고, 선장은 구명정을 준비하라고 명령했다. 그런데 타이타닉호에 실린 구명정들로는 승객과 승무원을 절반밖에 태우지 못한다는 사실이 밝혀졌다.

오전 0시 25분 상황이 더 나빠졌다. 우선 여자와 어린이부터 구명정에 태우라는 명령이 떨어졌다. 남자들은 갑판에 남아 사랑하는 가족들에게 작별 인사를 했다. 어떤 여자들은 남편의 곁에 남았다. 지나가는 배의 불빛이 보이자, 잠시 희망이 솟아올랐지만, 그 배는 방향을 돌려 가 버렸다. 타이타닉호를 전혀 보지 못한 것 같다.

오전 0시 35분 80 km 밖에 있던 카르파티아호와 마운트템플호가 타이타닉호의 SOS를 들었다. 두 척 모두 최고 속도로 달려오고 있는 중이다.

오전 0시 45분 첫 구명정이 절반도 차지 않은 채 바다로 내려졌다. 8개의 구조 신호용 조명탄 중 하나를 발사했다.

오전 1~2시 더 많은 구명정이 배를 떠났다. 배가 많이 기울어졌다. 아직도 수많은 사람들이 갑판에 남아 있다. 사람들의 기분을 북돋워 주기 위해 악단이 신나는 곡을 연주하고 있다.

오전 2시 17분 배를 포기하라는 선장의 명령이 떨어졌다.

오전 2시 18분 배의 불빛이 한 번 깜박이더니, 영원히 꺼져 버렸다. 그로부터 2분 뒤인 오전 2시 20분, 타이타닉 호는 바닷속으로 가라앉았다…….

 오전 4시, 카르파티아 호가 그 참혹한 현장에 도착해 구명정에 타고 있던 700여 명의 사람을 구조했다. 그러나 수많은 승객들이 구명 조끼만 입은 채 얼음장 같은 바닷속에서 얼어 죽었다. 모두 1490명이 목숨을 잃었다.

타이타닉 호가 침몰할 수밖에 없었던 이유

1. 타이타닉 호는 빙산과 충돌했다. 4월의 북대서양은 빙산과 얼음 덩어리가 항해를 위협한다. 타이타닉 호를 침몰시킨 빙산은 크기가 작고, 7/8은 수면 아래에 숨어 있었다. 그래서 망보는 사람이 발견했을 때에는 이미 때가 늦었다.

2. 빙산을 조심하라는 경고를 일곱 차례나 받았는데도 불구하고, 타이타닉 호는 전속력으로 달리고 있었다. 빙산이 떠다니는 바다에서는 너무 위험한 속도였다.

3. 타이타닉 호는 완벽한 방수 설계가 된 것으로 알려져 있었다. 바닥은 이중으로 되어 있었고, 갑판 아래에는 15개의 방수 격실이 있었다. 그래서 서너 개의 격실에 물이 차도 타이타닉 호는 떠 있을 수 있었다. 그러나 충돌하자마자 5개의 격실에 물이 흘러들었고, 계속해서 다른 격실로 번져 갔다. 그 결과, 배는 가라앉았다.

4. 충돌로 인해 석탄 창고에서 대규모 폭발이 일어남으로써 옆구리에 구멍이 뚫린 것은 아닐까(타이타닉 호는 석탄을 때서 움직이는 증기선이었다)? 몇몇 전문가는 그렇게 생각한다. 이상한 일이지만, 타이타닉 호가 사우샘프턴 항을 출발할 때, 석탄 창고 하나에서 불이 났다.

5. 더 괴상한 이야기지만, 그 배에 실린 이집트의 미라가 사고를 일으켰다는 주장도 있다. '난파자'라는 별명의 그 미라가 저주를 내렸다는 것이다. 선장이 배를 버리라고 명령했을 때, 그 미라가 갑판에 나타났다는 소문이 있다. 으스스하지?

> ★ **요건 몰랐을걸!**
> 배의 침몰과 관련된 미신은 수없이 많다. 예를 들면, 금요일에는 절대로 배를 진수시켜서는 안 된다. 금요일은 예수가 십자가에 못박힌 날이기 때문에 일 주일 중 가장 재수 없는 날로 여겨진다. 19세기에 영국 해군은 이 미신에 종지부를 찍기로 결정하였다. 그들은 배 이름을 HMS 프라이데이 호라고 짓고, 프라이데이 선장의 통솔하에 금요일에 진수시켰다. 그래서 어떻게 됐게? 그 배는 침몰하여 흔적도 찾을 수 없었다!

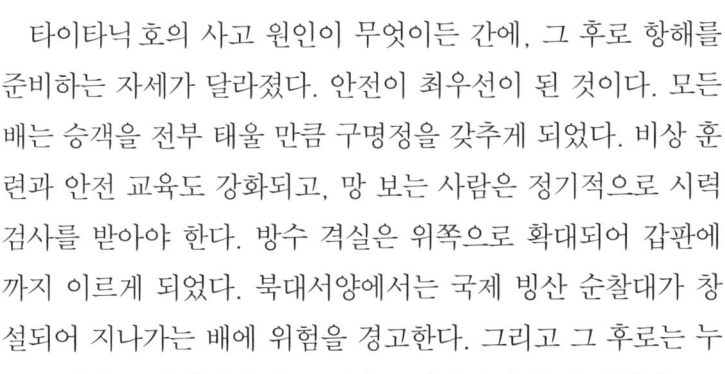

타이타닉 호의 사고 원인이 무엇이든 간에, 그 후로 항해를 준비하는 자세가 달라졌다. 안전이 최우선이 된 것이다. 모든 배는 승객을 전부 태울 만큼 구명정을 갖추게 되었다. 비상 훈련과 안전 교육도 강화되고, 망 보는 사람은 정기적으로 시력 검사를 받아야 한다. 방수 격실은 위쪽으로 확대되어 갑판에까지 이르게 되었다. 북대서양에서는 국제 빙산 순찰대가 창설되어 지나가는 배에 위험을 경고한다. 그리고 그 후로는 누구도 절대로 가라앉지 않는 배라고 장담하지 않게 되었다.

나도 바다 사나이가 될 수 있을까?

그런데도 위험한 배에서 살아가는 사람들은 도대체 어떤 사람들일까? 여러분은 혹시 인생이 비참하다고 생각한 적이 없는지? 산더미 같은 숙제와 쥐꼬리만한 용돈에서 벗어나고 싶지? 그렇다고 그게 과연 가출해 선원이 되기로 결정할 만큼 그렇게 나쁜 것일까? 여러분은 선원이 되지 않은 걸 행운으로 알아라. 선원이 됐을 때 먹게 될 저녁 메뉴는 다음과 같다.

오늘의 지긋지긋한 메뉴는…….

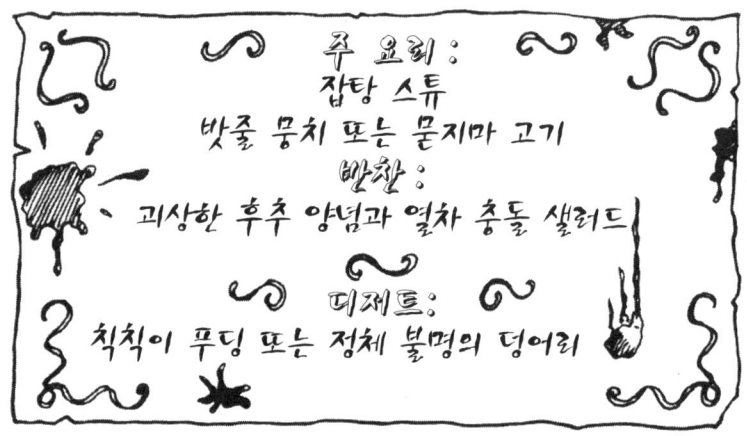

대강 해석하면 다음과 같은 뜻이다.
주 요리 : 건포도 비스킷과 소금에 절인 고기 스튜
　　　　　통조림 고기 또는 깡통 고기 푸딩
반찬 : 검댕이 뿌려진 깡통 토마토(검댕이란, 요리할 때 화덕에서
　　　냄비로 떨어지는 검은 재를 말한다. 선원이라면 아무도 검댕을
　　　골라 내려 하지 않는다)
디저트 : 건포도 푸딩 또는 부서진 비스킷 파이(보통 바구미가 들어
　　　　있다. 바구미란, 단 것을 찾아 기어다니는 징그러운 곤충).

즐거운 술 배급 시간

선원들이 날마다 술 배급을 학수고대하는 것은 당연하다. 위 속의 '묻지마 고기'를 씻어 내려 보내야 할 테니까 말이다!

지독한 배멀미

식사 메뉴를 보고도 정신을 못 차렸다면, 멀미는 어때? 베

테랑 선원도 멀미를 한다. 영국 최고의 선원으로 알려진 넬슨(Nelson) 제독도 첫 항해를 나갔을 때, 몇 달 내내 지독한 멀미에 시달렸다. 그리고 30년이 지난 후에도 그는 여전히 멀미를 했다(넬슨은 그 밖에도 황달, 괴혈병, 말라리아, 우울증 등에 시달렸지만, 그 이야기는 여기서 안 하겠다). 문제는 바로 배가 흔들리는 것! 배가 흔들리면 균형 감각이 흐트러지고, 뇌에 혼란이 와 멀미를 하게 된다. 치료법은 없느냐고? 있기야 있지. 수많은 치료법이 시도되었지만, 별다른 효과를 보지 못했다. 수평선을 뚫어지게 바라보는 것도 도움이 된다고 한다. 멀미 방지 팔목 밴드를 찰 수도 있는데, 밴드에 달린 플라스틱 버튼이 팔목의 민감한 부분을 자극해서 멀미를 완화시킨다고 한다. 뭐, 이론상으로는 그렇다는 이야기이다……. 불행하게도, 대부분의 멀미 치료법은 무조건 잠자는 것이다. 쿨쿨!

한번은 헨리 베세머(Henry Bessemer)라는 영국 발명가가 기발한 방법을 내놓았다. 그가 생각한 '흔들리는 선실'은 중앙의 받침점에 균형이 잡혀 있어서 배가 아무리 흔들려도 선실은 수평을 유지하도록 설계돼 있었다. 자신도 늘 멀미에 시달렸던 베세머는 이 세상에서 멀미를 영원히 추방하고 싶었을 것이다. 그러나 불행하게도, 그 방이 오히려 너무 심하게 흔들려 멀미를 안 하던 사람까지 멀미를 했다고 한다!

> ★ 요건 몰랐을걸!
> 만에 하나 선원 생활이 너무 힘들어 여러분이 바다에서 사망한다면, 아주 훌륭한 장례식이 기다리고 있다. 우선 여러분을 무명 자루에 넣고 꿰맨다. 마지막 한 바늘은 여러분이 진짜 죽었는지 확인하기 위해 여러분의 코를 뚫고 지나갈 것이다! 그 다음에는 여러분이 잘 가라앉도록 몸에 돌을 매단다. 그리고는 바다에 던져 버린다! 운이 좋다면 여러분의 영혼은 갈매기가 되어서 선원의 낙원으로 날아갈 것이다. 그 곳에서는 마음껏 먹고 마시고 놀 수 있다고 한다.

끔찍한 음식에 멀미까지……. 도저히 안 되겠지? 게다가, 선원들은 더 심한 일을 당할 수도 있다…….

뗏목 타고 표류하기

망망대해에 나 혼자 남았다고 상상해 보라. 유일한 친구라고는 갈매기뿐이다. 그렇게 된다면, 여러분은 아마 외롭고 지루해서 미칠 것이다. 처음 1주일은 그래도 견딜 만하다. 그러나 10주일쯤 지난다면? 19주일은? 여기 그 심정을 정확히 알고 있는 사람이 있다. 푼 림(Poon Lim)이라는 이 젊은 선원은 바다에서 가장 오랫동안 표류한 사람 중 하나이다. 여기 그가 겪은 실화를 소개한다.

1942년 11월 23일, 영국 상선 SS 벤 로몬드 호는 영국 서쪽 900 km 해상에서 독일 잠수함의 어뢰에 맞았다. 때는 바야흐로 제2차 세계 대전 중. 부요리사였던 25세의 푼 림은 유일하게 살아남았다. 배가 침몰하기 전에 푼 림은 서둘러야 한다는 사실을 깨달았다. 그는 보급품을 챙겨 구명 뗏목에 올라탔다. 그에겐 50일 동안 견딜 수 있는 물과 음식이 있었다. 불쌍한 푼 림은 자신이 뗏목을 타고 표류하리라곤 꿈도 꾸지 못했다.

50일이 지난 후에도 푼 림은 여전히 뗏목 위에 있었다. 음식이 떨어졌기 때문에 푼 림은 먹을 것을 구해야 했다. 그는 손전등에서 철사를 빼내 낚시 바늘을 만들었다.

그런 다음, 비스킷을 가루로 빻아 반죽한 것을 미끼로 써서 낚시를 했다. 불행하게도, 그 곳에는 물고기밖에 없었다. 푼 림은 거의 석 달 동안 날생선(그리고 갈매기의 이상야릇한 부분도)을 먹고, 빗물을 받아 마시며 살았다.

구조될 뻔했던 적도 몇 차례 있었다. 그러나 말 그대로 뻔했을 뿐이었다. 1943년 4월 5일, 푼 림은 마침내 브라질 연안에서 어선에 구조되었다. 그는 혼자 뗏목을 타고 총 133일 동안 표류했다. 그 기록은 지금까지도 깨어지지 않고 있다. 놀랍게도, 푼 림은 약간의 위장병 외에는 아무런 이상이 없었다. 영국에서는 그의 용기를 인정하여 훈장을 수여하였다.

그런데 세월이 흐른 뒤, 푼 림은 미 해군에 입대 원서를 냈지만, 거절당하고 말았다. 왜 거절당했을까?

a) 수영을 못 해서
b) 멀미를 해서

c) 평발이라서

> 답 : 만기가 있었겠지만, 정답들은 ○입니다. 만약 한 줄이 지금 해군에 지원
> 중이라면 곧 짐을 싸야 할 것이다. 그러니, 오늘날에는 해군 생활이
> 어쩌구니? 이미 짐싸러 걸어가야 할 것이다. 그리고 마음에 들어야 할 사람들
> 이 아직도 음식이 없다 말할 것을 걸어 하기 마련이다. 그리고 일반인 사람들
> 은 대답할 수 없다.

해군에 입대하고 싶은가?

바다 사나이가 되고 싶다고? 좋은 소식은, 오늘날에는 해군 생활이 예전처럼 힘들지 않다는 것이다(어떤 사람들은 아직도 음식에 대해 불평을 하지만). 그리고 나쁜 소식은, 해군에 들어가려면 몇 가지 치사한 테스트를 통과해야 한다는 것.

1단계 : 기본 자격

다음 질문에 답하라. 정직이 최선이다! 여러분은……

a) 18세 이상인가? (만약에 12세라면 기다려라. 16세 또는 17세라면 부모님의 허락이 필요하다.)

b) 몸은 건강한가? (해군에 들어가면 더 건강해질 것이다.)

c) 똑똑한가? (공부가 싫어서 해군에 지원했다면, 집에 가라. 해군이 되면, 맨 먼저 8주 동안 혹독한 교육을 받아야 하니까.)

d) 교육은 제대로 받았나? (잘 모르면 선생님께 여쭤 볼 것.)

e) 수영은 할 줄 아나? (말 안 해도 알겠지?)

f) 다림질을 잘 하는가? (못 하면 빨리 배워라. 점호 때마다 빳빳한 제복을 입고 서 있어야 되니까.)

g) 협동심이 좋은가? (해군이 되면 같은 부대원들과 많은 시간을 함께 해야 한다. 낮 시간 동안뿐만이 아니다. 밤에도 한 방에서 같이 자야 한다.)

대부분의 질문에 그렇다고 대답했으면 다음 단계로 가라. 만약에 아니라는 대답이 더 많았다면, 자넨 불합격! 그냥 이 장의 맨 끝으로 넘어가도록.

2단계 : 머리는 좋은가?

여러분이 해군이 될 자질이 있는지 알아보기 위해 진짜 해군 입대 시험 문제를 풀어 보자. 단, 빨리 대답해야 한다. 1번과 2번은 15초 안에, 3번은 30초 안에 대답해야 한다. 자, 위치로! 준비! 땅!

1. 단어와 페이지의 관계는 장(章)과 ( )의 관계와 같다. ( )에 적당한 것은?
a) 선 **b)** 시 **c)** 독서 **d)** 책 **e)** 부

2.

이 다음에 올 그림은?

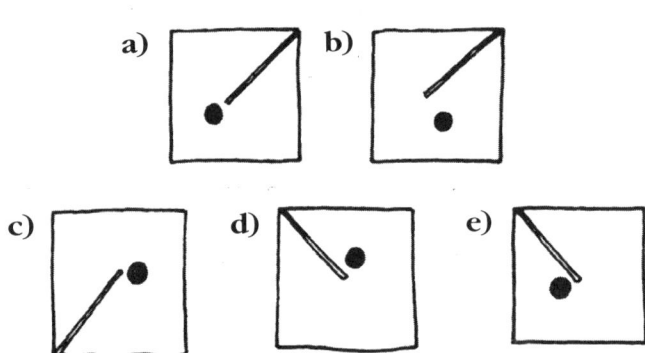

3. 8571 − 586은 얼마인가? (계산기 사용 금지)

a) 7995

b) 8015

c) 7985

d) 8085

e) 7085

답 : 1.d) 2.d) 3.c)

2개 이상 맞았다면 다음 단계로 가라. 1개 이하라면, 이 장의 끝으로 넘어가라.

3단계 : 건강은 좋은가?

물론 미스터 코리아나 미스 코리아만 해군이 될 수 있는 것은 아니다. 그렇지만 정상인보다 떨어지는 부분이 있다면, 해군은 단념하는 게 좋다. 구보, 유격 훈련, 천리 행군, 돌격 훈련……. 이것들은 앞으로 여러분이 받게 될 훈련의 일부분에 지나지 않으니까.

그 밖에도 해군이 되려면 건강 진단을 통과해야 한다. 다음과 같은 결격 사유가 있는 사람은 불합격!

그러나 여러분이 어떤 보직을 원하느냐에 따라 조건이 달라진다(다음을 읽어 보라). 예를 들면, 비행기 조종사에게는 좋은 시력이 필수적이다. 그야 당연하지?

여러분은 조건이 딱 맞는다고? 그렇다면 축하한다! 여러분은 합격이다! 이제 8주간의 교육을 시작하자. 물론 학교 교육과는 좀 다르다. 어디 시간표에 있는 과목들을 잠깐 살펴볼까? 매듭(바다에서는 결삭이라고 하지) 묶는 법 배우기, 열 맞춰 행진하기(이게 생각보다 쉽지 않다), 제복 깨끗이 관리하기(안 돼, 엄마는 못 데려가) 등등…….

이 모든 과정을 마치고 나면, 보직에 필요한 '전문' 교육을 받게 된다. 여러분이 선택할 수 있는 몇 가지 보직을 소개하면 다음과 같다.

몇 주가 걸릴 수도 있고, 몇 년이 걸릴 수도 있지만, 일단 교육을 마치고 나면 곧바로 현장에 투입된다! 해군에 들어가

면, 전쟁이 일어났을 때 그 한복판으로 출동해야 한다는 사실을 몰랐다고? 아직도 입대하고 싶어?

땅을 무지무지 사랑하는 게으름뱅이나 멀미가 심한 사람, 또는 겁이 많은 평범한 사람은 어떻게 해야 하느냐고? 글쎄, 일단 안심하라. 세상에는 여러분처럼 바다 사나이의 생활을 원하지 않는 사람들도 많이 있으니까. 그 대신, 신나는 모험담이나 들어 보는 게 어떨까? 자, 귀를 쫑긋 세워라. 이제 역사상 가장 위대한 바다의 탐험가들을 만나러 가니까.

바다를 누빈 사나이들

수천 년 동안, 바다는 용감한 사나이들의 모험의 장이었다. 어떤 탐험가들은 신대륙 발견이나 무역로 개척과 같은 원대한 목적을 갖고 떠났고, 어떤 탐험가들은 그냥 바다에 이끌려서 정처 없는 모험을 떠나기도 하였다.

폴리네시아 인의 놀라운 항해술

폴리네시아인은 이미 2천 년도 더 이전에 드넓은 태평양을 탐험하였다. 다른 사람들은 그렇게 넓은 바다가 있는 줄도 몰랐다. 그들은 거대한 통나무배에 사람들과 동식물을 태우고, 새로운 섬을 찾아 바다로 나아갔다. 그들은 뉴질랜드와 이스터 섬, 하와이, 그리고 그 밖의 이름 모를 섬들을 발견하였다. 그들은 타고난 선원이었고, 지혜도 뛰어났다. 지도나 나침반, 망원경 등 항해를 도와 줄 장비가 아무것도 없이, 그들은 해와 별, 구름 그리고 신비스러운 나무 막대들을 이용해 항해를 했다! 믿기 힘들겠지만, 나무 막대 지도는 상당히 유용했다고 한다. 폴리네시아인은 그 지도를 사용해서 초보 선원들을 교육시켰는데, 교육을 받은 선원들은 150 km나 떨어진 곳에 있는 섬도 찾아갈 수 있었다고 한다.

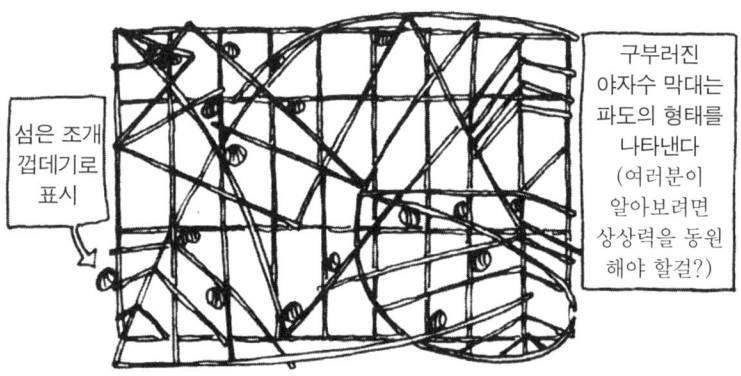

대담한 이집트인

기원전 600년경, 이집트의 파라오 네초(Necho) 2세가 번득이는 아이디어를 냈다. 그는 사막에 홍해와 지중해를 잇는 운하를 건설하는 대신(이 생각은 1859년에 수에즈 운하가 건설되기까지 기다려야 했다. 수에즈 운하는 수천 km의 뱃길을 줄여 주었다), 이집트의 동쪽 해안에서 출발하여 아프리카를 한 바퀴 빙 돌아 북쪽으로 항해하기로 했다. 생각이야 나무랄 데 없었지만, 당시에 그는 아프리카가 얼마나 큰지조차 몰랐다! 물론 그는 나랏일을 핑계삼아 직접 나서지도 않았다. 대신에, 돈을 주고 페니키아 선원들과 그들의 배를 샀다. 그래서 여행이 시작되었다. 페니키아 선원들은 자그마치 1년을 항해한 뒤에야 아프리카 남단까지 내려갈 수 있었다. 그리고 서쪽 해안을 따라 위로 올라오는 데 다시 1년이 걸렸다(총 25,000 km에 이르는 대장정이었다). 그들은 마침내 고향으로 돌아왔지만, 아무도 그들의 성공을 믿어 주지 않았다!

세계를 누빈 그리스인

페니키아 선원들만큼 억울한 사람이 또 있다. 고대 그리스의 탐험가 피테아스(Pytheas)가 북대서양을 항해하고 돌아왔을 때, 사람들은 그의 말을 믿지 않았다. 그가 얼음으로 덮여 있는 바다를 봤다고 하자, 사람들은 코웃음치며 이렇게 말했다. "농담 마. 바다는 절대로 얼지 않아!" 하긴 그 때가 기원전 304년이었으니 그럴 만도 했다. 게다가, 사람들은 그가 날씨가 아주 추운 영국까지 항해했다는 사실조차 믿어 주지 않았다. 피테아스는 자신의 말이 사실임을 납득시키느라고 애쓰면서 여생을 보냈다.

아메리카 대륙을 진짜로 발견한 사람은?

1492년, 크리스토퍼 콜럼버스(Christopher Columbus)는 세상의 끝으로 가면 낭떠러지로 떨어지거나 바다 괴물에게 잡아먹힌다는 경고를 무시하고, 에스파냐를 출발해 아메리카 대륙을 발견하였다. 원래 목적이 아시아로 가는 새로운 뱃길을 발견하는 것이었기 때문에, 그는 그 곳이 아시아라고 믿어 의심치 않았다. 콜럼버스는 그의 부하들에게도 자신의 생각을 강요했다. 아시아라고 말하지 않는 부하는 혀를 잘라 버렸다!

그런데 어떤 지리학자들은 콜럼버스의 생각이 맞다고 주장한다. 즉, 콜럼버스가 아메리카 대륙을 발견한 게 아니라는 이야기! 그들은 콜럼버스를 물리칠 만한 선수들을 일렬로 대기시켜 놓기까지 했다. 그 명단을 소개하면……

그렇지만 이 선수들은 아메리카 대륙을 발견했다는 확실한 증거가 없다. 그리고 보면 콜럼버스는 아주 운이 좋았다. 그렇지만 신대륙의 이름을 자신의 친구인 이탈리아의 항해사이자 전직 피클 장수였던 아메리고 베스푸치(Amerigo Vespucci)의 이름을 따서 붙인 걸 알면, 콜럼버스가 얼마나 배아파할까?

1519년, 페르디난드 마젤란(Ferdinand Magellan)은 세계 일주 항해를 하겠다는 꿈을 품었다. 그 때까지 아무도 이루지 못한 꿈! 과연 그는 그것을 해냈을까? 계속 읽어 보라…….

마젤란의 모험

망망대해에서의 생고생

1. **1519년 8월, 에스파냐.** 마젤란은 5척의 멋진 배와 280명의 오합지졸 선원들을 데리고 일생일대의 항해에 나섰다.

2. **1519년 8~12월, 대서양.** 배가 방향을 서쪽으로 돌렸다. 배에는 필요한 장비와 보급품뿐만 아니라, 식량과 바꾸거나 통행료로 지불할 머리빗, 거울, 작은 놋쇠 종, 낚시 바늘 등도 가득 실려 있었다.

3. **1519년 12월, 리우데자네이루.** 마젤란은 선원들과 함께 이 도시에서 2주 동안 머물며 신처럼 융숭한 대접을 받았다. 무슨 이유에서인지 다들 이 곳을 떠나기 싫어했다.

4. **1520년 2월.** 벌써 몇 주째 항해를 계속했지만, 쥐새끼 한 마리 보이지 않았다. 이제 남은 선택은 두 가지! 리우데자네이루로 돌아가느냐? 아니면, 남쪽으로 내려가 남극해로 간 다음, 서쪽으로 가느냐? 마젤란은 항해를 계속하기로 결정했다. 별로 환영받는 결정은 아니었다.

5. **1520년 3월, 남아메리카 해안.** 한 달 동안 추위와 폭풍에 시달렸는데, 그보다 더 나쁜 일이 벌어졌다. 세 척의 배에서 폭동이 일어난 것이다. 마젤란은 주모자 두 명의 목을 베고, 한 명은 무인도에 버렸다. 다른 선원들에게도 교훈이 되었을 것이다.

6. 1520년 10월, 아직도 남아메리카 해안. 배 한 척이 실종되었고, 다른 한 척은 비축 식량의 1/3을 가지고 도망갔다.

7. 1520년 10월, 남아메리카 최남단. 마젤란은 대서양과 태평양을 연결시키는 해협을 발견했다! 그는 그 해협을 마젤란 해협이라 불렀다(왕자병 환자로군!). 해협을 통과하는 데에는 38일이 걸렸다.

8. 1520년 10월~1521년 3월, 태평양. 나빴던 상황이 더욱 나빠졌다. 벌써 몇 달째 땅을 보지 못했다. 선원들은 괴혈병*과 굶주림, 목마름으로 고통을 겪고 있다.

* 채소를 안 먹으면 걸리는 병. 정확하게는 비타민 C의 결핍증이다. 기운이 없고, 잇몸이나 피부에서 피가 나며, 빈혈을 일으킴. 여러분도 주의하도록!

9. 1521년 3월, 필리핀. 야호, 육지다! 그러나 이 곳에서 늙은 미치광이 마젤란이 최후를 맞이하게 된다. 그는 이 곳 원주민의 싸움에 끼여들었다가 사로잡혀 죽음을 당했다. 배 한 척은 버린 채 두 척만이 빠져 나왔다.

10. 1521년 11월, 몰루카 제도. 향료로 유명한 섬 몰루카 제도 (인도네시아의 영토)에서 값비싼 향료를 잔뜩 실었다. 그런데 배 한 척이 물이 새서 가라앉고 말았다.

11. 1522년 2월~7월, 인도양. 다섯 척의 배 중에서 마지막까지 유일하게 남아 있는 빅토리아호가 항해를 계속하고 있다. 선장은 예전에 폭동을 일으켰던 후안 세바스티안 델 카노. 고달픈 나날의 연속이었다. 음식은 더위에 상하고, 물은 누렇게 변해 찌꺼기가 생겼다. 돛대도 폭풍에 부러졌다.

12. 1522년, 에스파냐. 3년 동안 94,000 km를 항해한 끝에 빅토리아호는 만신창이가 되어 고향에 돌아왔다. 280명의 선원 중 살아남은 사람은 겨우 18명뿐이었다. 그래도 그들은 인류 최초로 세계 일주를 한 장본인이라고 사람들에게 뽐낼 수 있었다. 죽은 사람들만 억울하지, 뭐.

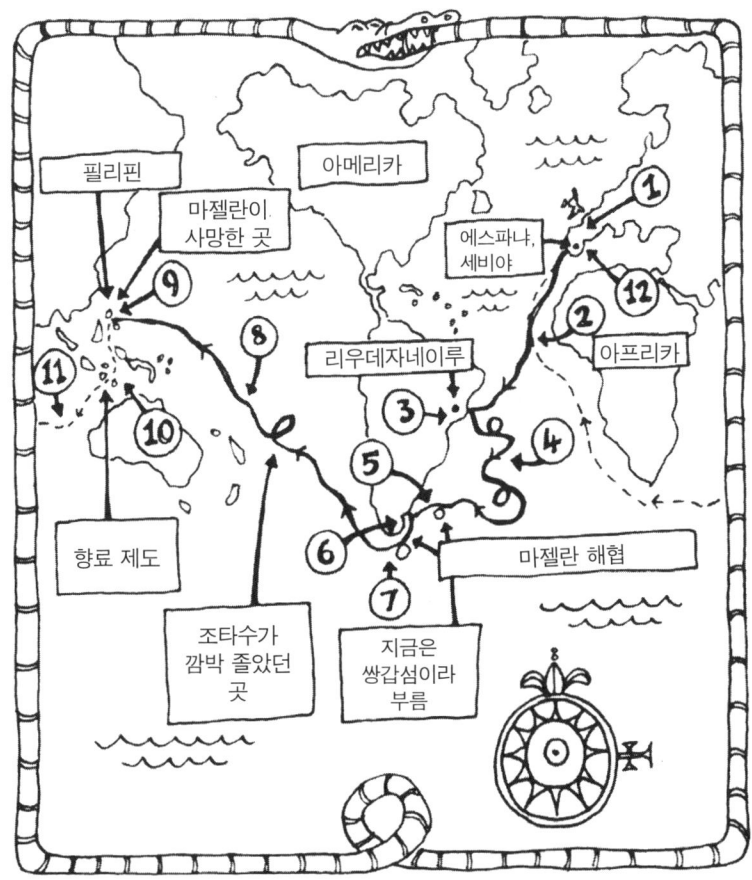

탐험가를 위한 최신 장비 — 다 팔리기 전에 서두르시라!

오늘날의 탐험가들은 과거에는 상상도 하지 못했던 깊은 바닷속까지 탐험한다. 그러나 그들은 힘들고 궂은 일을 직접 하지 않는다. 절대로! 어떤 때에는 발에 물 한 방울 안 묻힐 때도 있다. 그것은 바로 최신 장비를 이용하기 때문! 자, 이제 잠깐 쉬면서, 글로리아와 제이슨, 가이코와 그 일당을 만나러 가자. 다음 광고를 자세히 살펴보도록……

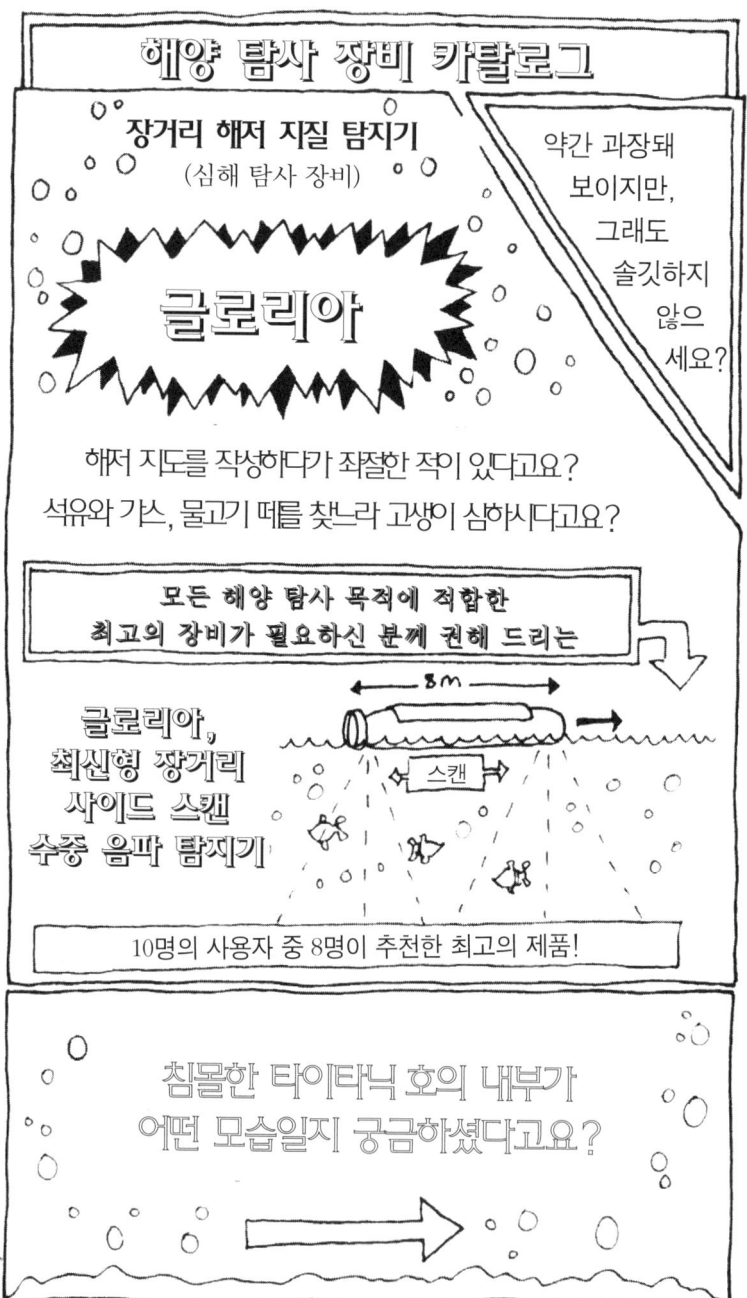

여기 그 궁금증을 해결해 드립니다!

바로 이 환상의 비디오로!

→ 타이타닉 호 숨겨진 이야기

서두르지 않으면 재고가 바닥날 수 있음!

안방에서 난파선의 생생한 내부를 구경하세요!

의자에 앉은 채 그 모든 진상을 낱낱이 알 수 있습니다!

최신 화제작

이 놀라운 화면은 최신 해저 탐사 기술의 결정판인
제이슨 주니어 가 촬영한 것입니다

최고의 ROV 로봇

ROV란, 무인 원격 조작 장비를 말합니다.

사용법: 상자에서 비디오테이프를 꺼낸 뒤, VTR에 집어넣으면 됩니다. 두말하면 잔소리죠!

금주의 기획상품

딥 플라이트 1호

열화와 같은 요청에 의해 돌아온
1인용 잠수정(미니 잠수함)

이 달에 구입하신 분께는 다 떨어진 최신 유행 비치 샌들을 사은품으로 드림

욕조인가? 잠수정인가?

자세한 이야기는 다음 페이지에 ➡

딥 플라이트 1호만 있으면 더 이상 수면 근처에서 어슬렁거릴 필요가 없습니다. 최고 수심 **1 km** 아래까지 바닷속에서 마음대로 날아다닐 수 있답니다!

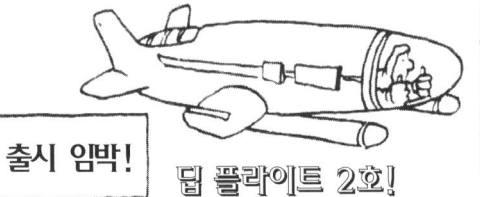

작동법: 가뿐하게 올라타 안전 벨트를 매고, 전원만 켜면 끝!

출시 임박!

딥 플라이트 2호!

딥 플라이트 1호보다 잠수 깊이가 10배나 더 긴 꿈의 잠수정! 아무도 가지 못한 미지의 해저 탐험을 위해 현재 설계도 작성 중!

 에서 온……

가이코

우리의 야심찬 새로운 해저 탐사 로봇을 소개합니다. 으스스한 마리아나 해구를 **10911.4 m**까지 탐사한 놀라운 실력(트리에스테 호의 세계 기록과 불과 60 cm밖에 차이가 나지 않음)! 3대의 컬러 비디오 카메라와 1대의 흑백 비디오 카메라, TV 카메라와 스틸 카메라까지 갖춘 놀라운 무인 탐사 로봇입니다!

작동법: 가이코를 가뿐하게 발사대에 부착하고(케이블도 함께), 발사대를 모선에 부착시키세요. 그리고 발사! 이제 곧 탐사 자료가 케이블을 통해 발사대를 거쳐 모선으로 들어올 것입니다.

✱ 가이코는 100% 만족을 보장드립니다! 불만족시 전액(약 700억 원) 환불!

조슈아 슬로컴의 영웅적인 이야기

이런 최신 탐사 장비가 다 부질없다고 생각한 사람이 있었으니, 바로 역사상 처음으로 단독 세계 일주에 성공한 조슈아 슬로컴(Joshua Slocum) 선장이다(그는 수영도 할 줄 몰랐다고 함). 그의 모험담을 일기로 썼다면, 아마 다음과 같은 것이 되지 않을까?

1895년 4월 24일, 미국 로드아일랜드

드디어 결전의 날이 왔다! 청운의 꿈을 품고 몇 달간 고생한 끝에 드디어 나의 믿음직스런 외돛 범선 스프레이(Spray) 호를 물에 띄울 수 있게 되었다. 내 사랑 스프레이 호를 처음 만난 날이 생각난다. 선체가 온통 검댕투성이였지. 그러나 이제는 더 이상 그런 모습이 아니다! 이 날씬한 자태를 보라! 어디까지 얘기했지? 아, 그래 …… 몇 달간 고생한 끝에 드디어 나와 스프레이 호는 항해에 나섰다!

나 / 스프레이 호

1896년 1월~2월

오랜만에 일기를 쓴다. 그 동안 좀 바빴다. 불쌍한 나의 스프레이 호를 재정비하느라 부에노스아이레스(아르헨티나)에서 예상보다 좀 오래 머물렀다.

1월이 되자, 우리는 마젤란 해협을 향해 출발했다. 대단한 여행이다. 폭풍이 그칠 날이 없고, 바다에는 생전 처음 보는 집채만한 파도가 몰아친다. 이제 파도라면 지긋지긋하다. 정말이다. 대포와 같은 소리를 내며 파도가 몰아쳤을 때, 나는 겨우 돛을 내리고 해치를 닫았다.

집채만한 파도

그렇지만 스프레이 호는 잘 견뎌 주었다. 그래야 내 애인이지! 우리는 2월 11일에 마젤란 해협에 들어가 3일 뒤에 칠레에 도착했다. 그리고 오랜만에 정말 푹 쉬었다. 사람들은 친절했고, 선물도 듬뿍 받았다. 5일 뒤 우리가 떠날 때, 사람들은 산더미 같은 비스킷과 훈제 고기, 나침반 그리고 압정을 선물로 주었다!

1896년 2월 20일 (내 생일)

52번째 생일이다. 카드도 케이크도 선물도 없고, 오로지 압정뿐이다!
잠시 후: 이제 해적이라면 정말 지긋지긋하다! 기생충 같은 녀석들! 두 달 사이에 벌써 두 번째! 만약에 압정이 없었더라면 어떻게 됐을까? 잠자리에 들기 전에 만일에 대비해서 갑판에 압정을 깔아 놓았다. 한밤중에 비명 소리에 잠을 깼다. 눈을 떠 보니 수염을 기른 덩치 큰 괴한이 뻔뻔스런 얼굴로 내 앞에 서 있었다. 그는 바로 마젤란 해협의 무법자 블랙 페드로였다. 놈도

자기 딴에는 덩치가 크고 무섭게 생겼다고
생각하고 있었겠지만, 난 놈이 무섭지 않았다.
무섭지 않고말고! 내가 총을 빼들어 (최대한 야비한)
웃음을 지으며 놈에게 겨누자, 놈은 도망쳤다!

그리고 그 다음 날, 놈은
새 사냥을 하러 간다며
총을 빌리러 왔다. 사실,
나도 그렇게 꽉 막힌 사람은 아니다. 나는 그에게
총 대신 주머니칼(아주 훌륭하고 안전한 도구이다)을
주고, 같이 앉아서 따뜻한 고기 스튜를 대접했다.
스트레스를 받았을 때에는 역시
따뜻한 식사가 최고다.

1896년 4월-5월
최고의 나날들이다. 블랙 페드로도 없고, 날씨도
따뜻해졌다. 칠레 연안에 있는 후안페르난데스 제도
에서 행복한 2주일을 보냈다. 해안가에 정박하자,
원주민들이 배로 찾아왔다. 나는 그들에게 점수를
따기 위해 커피와 도넛을 권했다. 도넛은 효과가
있었다. 실은, 효과가 아주 컸다. 나는 원주민들에게
도넛 굽는 법을
가르쳐 주고, 꽤 많은
금을 받았다. 여긴 정말 좋은 곳이다.

6개월 후
이제 폭풍이나 찢어진 돛 이야기는 지겨우니까
더 이상 하지 않겠다. 태평양과 인도양을 횡단한 뒤,
남대서양의 세인트헬레나 섬에서 며칠을 보냈다.
총독은 나를 오랜만에 만난
친구처럼 대해 주었다. 떠나는   염소
날, 그는 염소를 선물로 주었다!
그놈은 폭풍이나 해적보다 더

지금까지 조슈아 슬로컴의 모험담을 보았다. 역사적인 그의 모험을 기록한 책 『나 홀로 세계 일주 항해(Sailing Alone Around the World)』는 베스트셀러가 되었다. 그는 그 후 10년 동안 글과 편지를 쓰면서 지냈다. 사람들은 종종 그에게 왜 세계 일주를 떠났느냐고 물었지만, 그 이유는 그 자신도 몰랐다. 1909년, 그는 항해에 나섰다. 이번에는 아마존 강을 따라 내려갈 예정이었다. 그렇지만 그 후로 그를 봤다는 사람은 아무도 없다.

스쿠버 다이빙

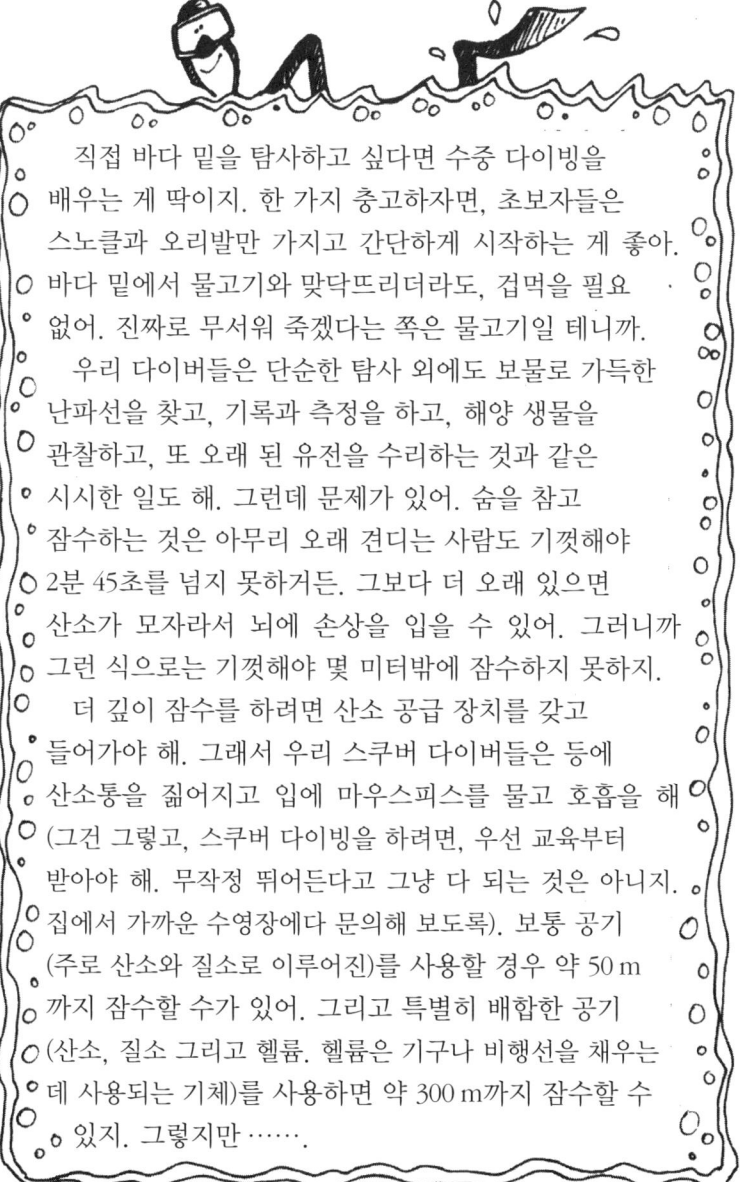

　직접 바다 밑을 탐사하고 싶다면 수중 다이빙을 배우는 게 딱이지. 한 가지 충고하자면, 초보자들은 스노클과 오리발만 가지고 간단하게 시작하는 게 좋아. 바다 밑에서 물고기와 맞닥뜨리더라도, 겁먹을 필요 없어. 진짜로 무서워 죽겠다는 쪽은 물고기일 테니까.
　우리 다이버들은 단순한 탐사 외에도 보물로 가득한 난파선을 찾고, 기록과 측정을 하고, 해양 생물을 관찰하고, 또 오래 된 유전을 수리하는 것과 같은 시시한 일도 해. 그런데 문제가 있어. 숨을 참고 잠수하는 것은 아무리 오래 견디는 사람도 기껏해야 2분 45초를 넘지 못하거든. 그보다 더 오래 있으면 산소가 모자라서 뇌에 손상을 입을 수 있어. 그러니까 그런 식으로는 기껏해야 몇 미터밖에 잠수하지 못하지.
　더 깊이 잠수를 하려면 산소 공급 장치를 갖고 들어가야 해. 그래서 우리 스쿠버 다이버들은 등에 산소통을 짊어지고 입에 마우스피스를 물고 호흡을 해 (그건 그렇고, 스쿠버 다이빙을 하려면, 우선 교육부터 받아야 해. 무작정 뛰어든다고 그냥 다 되는 것은 아니지. 집에서 가까운 수영장에다 문의해 보도록). 보통 공기 (주로 산소와 질소로 이루어진)를 사용할 경우 약 50 m 까지 잠수할 수가 있어. 그리고 특별히 배합한 공기 (산소, 질소 그리고 헬륨. 헬륨은 기구나 비행선을 채우는 데 사용되는 기체)를 사용하면 약 300 m까지 잠수할 수 있지. 그렇지만······.

> **★ 무시무시한 건강 경고!**
> 다이빙을 한 뒤에 너무 빨리 수면 위로 올라오면 관절에 심한 통증을 느끼게 된다. 이것을 '잠수병'이라고 하는데, 갑작스런 기압 변화로 좀전에 들이마셨던 질소가 몸 속에서 작은 공기 방울을 만들기 때문. 콜라 병을 딸 때 공기 방울이 일어나는 것과 같은 이치이다. 만에 하나 이 공기 방울이 뇌나 척추에 이른다면 목숨을 잃을 수도 있다. 그래서 다이버들은 물 위로 올라올 때, '감압실'에서 시간을 보내며 수면의 기압에 서서히 적응한다.

끝내 주는 심해 잠수부들의 복장

슬프지만, 인간은 물 속에서 살 수 없다. 물 속에서 오래 있으려면 특수 복장과 장비를 갖춰야 한다. 지금부터 최고의 장비를 고르는 방법을 가르쳐 주겠다.

이건 내가 머리털 나고 처음 해 보는 모델 일이다. 나는 각각 다른 세 벌의 옷을 입어 보았다. 여기 그 그림과 함께 각각의 장비에 대한 나의 의견을 소개하겠다.

바글바글 잠수복 1

공기 펌프: 배에서 잠수부에게 공기를 보낸다(펌프질 하는 사람의 팔에 쥐가 날 때까지!).

구리 헬멧: 중세 기사들의 투구를 본떠서 만들었다고 한다. 얼마나 괴로운지 말 안 해도 알겠지?

공기 호스: 바다 위에 떠 있는 모선에서 잠수부의 헬멧으로 연결돼 있다. 따라서, 잠수부의 잠수 깊이는 호스의 길이만큼만 가능!

범포 잠수복: 고무로 코팅하여 철저하게 방수가 되도록 했다.

납으로 만든 추: 옷에 달려 있다. 아래로 내려가는 것을 도와 준다.

납 신발: 해저에서 똑바로 서 있게 해 준다.

심사 평: 너무 무겁고, 불편하고, 보기에도 둔해 보이는 옷이다. 걷거나 똑바로 서 있는 게 거의 불가능하다. 만에 하나 공기 호스가 꼬이거나 구멍이 나면 어떻게 할 생각인가? 호스에 목졸려 죽거나 숨이 막혀 죽을 수도 있다. 정말 쳐다보기도 싫은 옷!

점수: (10점 만점에) 0점

바글바글 잠수복 2

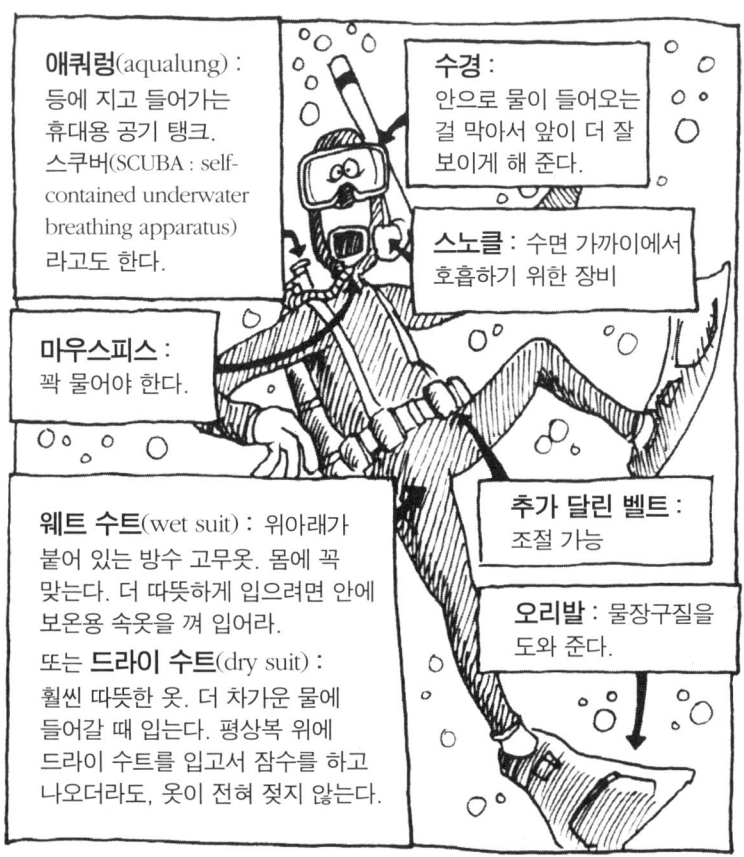

심사 평: 훨씬 낫다. 멋있고 가벼운데다가 아주 편안하다. 호스가 꼬일 염려도 없다. 나한테는 잘 맞는 것 같은데, 여러분은 어떤지? 애쿼렁의 사용법과 공기의 양을 조절하는 법을 배우는 데에는 상당한 시간이 걸린다는 점을 염두에 둘 것! 철저히 배워 두지 않으면, 바닷속에서 심각한 문제가 발생할 수도 있다.

점수: (10점 만점에) 8.5점

바글바글 잠수복 3

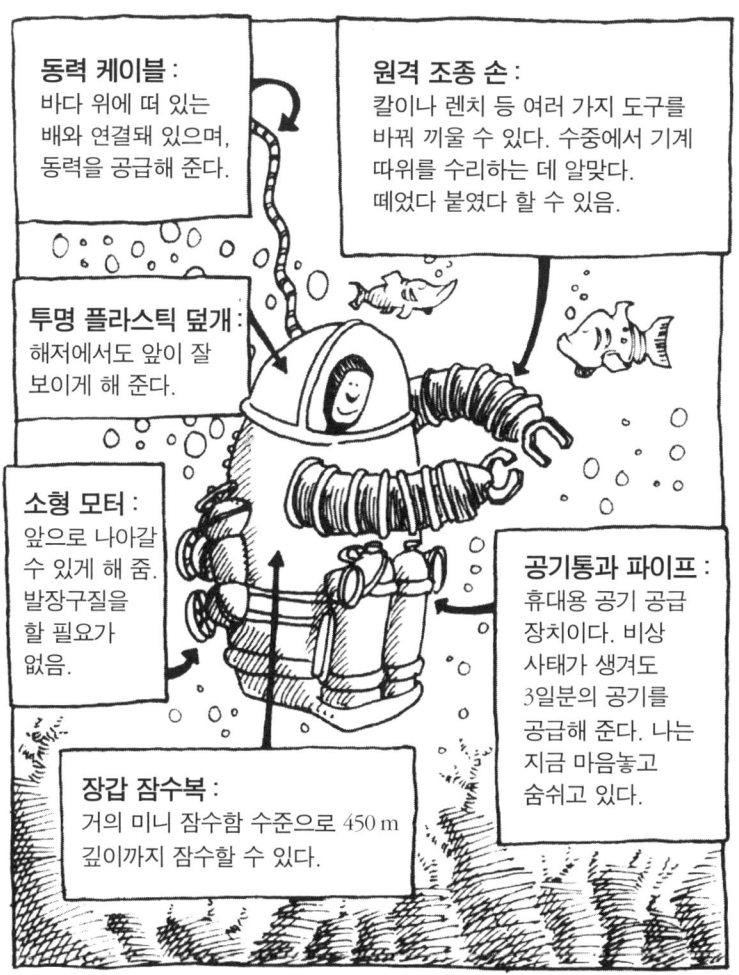

심사 평: 와우! 이보다 더 훌륭한 잠수복은 없을 것이다. 안 그래? 전문 잠수부들에게 필수적인 복장이다. 특히, 손이 마음에 든다. 좀 비싸긴 하지만, 꼭 입고 싶은 복장이다.

점수: (10점 만점에) 10점

어떤 잠수복을 선택했든 간에, 해저에서 돌아다닐 때에는 주위를 잘 살피는 걸 게을리하지 말도록! 아, 염려 마라. 물고기는 물지 않는다니까. 그런데 다시 생각해 보니, 무는 녀석들도 있군. 아무래도 정신을 똑바로 차려야 되겠지? 자, 이제 바닷속으로 뛰어들 준비가 다 되었는가? 행운을 빈다. 이제부터는 정말 만만치 않은 물고기들을 만나러 가니까······.

위험 천만 깊은 바다

바닷속에는 수많은 종의 생물들이 살고 있다. 그런데 그것들은 과연 여러분이 상상하는 것만큼 무서운 존재일까? 그 답은…… 그런 녀석들도 있고, 여러분의 상상보다 더 크고 무서운 녀석들도 있다. 물론 크기가 다는 아니다. 어떤 녀석은 아주 작으면서도 무시무시한가 하면, 어떤 녀석은 덩치만 컸지 파리 한 마리 못 죽인다. 흰긴수염고래가 바로 그런 예…….

흰긴수염고래와 멀찍이 떨어져야 하는 열 가지 이유

1. 이제껏 지구상에서 흰긴수염고래보다 큰 동물은 없었다. 그렇다! 흰긴수염고래는 공룡보다도 크다! 길이는 30 m가 넘고, 무게는 130톤에 이른다(코끼리 20마리와 맞먹는 무게). 바다 포유류라기보다는 차라리 잠수함에 가깝다.

2. 흰긴수염고래의 혀는 3톤이나 나간다(코뿔소의 몸무게와 비슷). 흰긴수염고래의 입이 더 큰 게 천만 다행이지 뭐야!

3. 흰긴수염고래는 피부 아래에 무게 30톤에 이르는 두꺼운 지방층이 있다. 두꺼운 지방층은 바닷속, 특히 차가운 극 지방의 바닷속에서 고래의 체온을 유지시켜 주고, 수영하기에 좋은 유선형의 몸집을 만들어 준다.

4. 갓 태어난 흰긴수염고래의 무게는 2톤. 자라는 속도가 엄청나게 빨라, 두 살 무렵에 몸무게가 무려 50톤이나 나간다.

5. 흰긴수염고래의 눈은 사람들의 눈에 비해 엄청나게 크다. 녀석들의 눈은 축구공만하기 때문에 그 눈이 어디를 보고 있는지 우리로서는 잘 알 수가 없다.

6. 원래 흰긴수염고래는 80~90세까지 산다. 물론 그 때까지 살아남는다면 말이다. 사람들이 고기나 기름, 고래 수염을 얻기 위해 수만 마리의 흰긴수염고래를 사냥하는 바람에, 흰긴수염고래는 한때 멸종 위기를 맞기도 했다. 지금은 다행히도 다시 그 수가 불어나고 있다.

7. 흰긴수염고래는 덩치가 너무 커서 육지에서 살 수 없다. 그 몸집에는 아주 큰 다리가 있어야 하는데, 그런 다리로는 걸을 수가 없다. 그들의 덩치를 말없이 받아 주는 곳은 바다뿐이다.

8. 그렇지만 흰긴수염고래도 육지에 살았던 적이 있을지 모른다. 몇몇 고래와 돌고래는 분명히 육지 출신이다. 녀석들은 약 5000만 년 전에 먹이를 찾아 바다로 들어갔다. 그리고 수영을 잘 하기 위해 다음과 같이 변신했다…….

● 몸이 유선형으로 변했다.

- 앞다리는 지느러미로 변했다.

- 뒷다리가 사라졌다.

- 콧구멍이 머리 위로 올라가 물 뿜는 구멍이 되었다.

- 몸에 털 대신에 지방층이 생겨났다.

 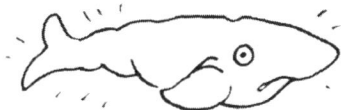

9. 흰긴수염고래는 이빨이 없는 대신, 입가에 거대하고 딱딱한 수염이 나 있다. 이 수염들은 바닷물에서 크릴새우를 걸러내는 거대한 체와 같은 역할을 한다.

10. 흰긴수염고래는 엄청난 대식가이다. 녀석들은 매일 크릴새우(50쪽 참고)를 몇 톤씩 잡아먹는다. 이런 흰긴수염고래를 바닷속에서 만나면 무슨 일이 벌어질까? 아무 일도 없다. 흰긴수염고래는 덩치만 컸지, 사람에겐 관심도 없으니까. 녀석이 관심을 기울이는 건 입맛 당기는 크릴새우뿐!

거대한 고래상어

흰긴수염고래가 위험하지 않다면, 뭐가 위험할까? 그 다음으로 몸집이 큰 녀석 아니냐고? 아니다! 고래상어는 몸길이가 18 m에 몸통 둘레가 2~3 m, 무게는 20톤에 이른다. 뿐만 아니

라. 지구상의 어떤 생물보다도 두껍고 고무처럼 질긴 피부를 갖고 있다. 그래서 위험이란 걸 전혀 모른다. 심지어는 배에 박치기까지 하니까. 그럼, 아주 위험한 녀석 아니냐고? 천만에! 배에 충돌하는 것은 고래상어에게도 위험한 짓이다. 고래상어는 전혀 해롭지 않으며, 유유히 헤엄치기 때문에 어떤 잠수부들은 고래상어의 등에 올라타기까지 한다.

공포의 상어!

좋다! 그렇다면 도대체 뭐가 위험하다는 거야?

여러분이 바닷가에서 물장구를 치며 놀고 있는데, 다음 순간 상어가 갑자기 덮쳐 다리를 잘라 먹는다면? 괜히 겁주지 말라고? 과연 그럴까? 도대체 상어는 얼마나 무시무시한 녀석일까? 우리는 마음놓고 바닷가에서 놀아도 될까?

상어에게서 가장 무서운 것은 이빨이다. 악명 높은 백상아리는 면도날처럼 날카롭고 과도만큼 큰 이빨을 수백 개나 갖고 있다. 이 녀석은 여러분을 깨끗하게 두 동강낼 수 있다. 상어는 죽어 있는 녀석조차도 위험하다. 1977년, 오스트레일리아의 한 어부가 교통 사고를 당했는데, 그 차의 뒷좌석에는 죽은 상어의 턱이 놓여 있었다. 그는 그 상어의 이빨에 물려 22바늘이나 꿰매야 했다. 아야!

현상 수배

이름: 백상아리
별명: 백색의 저승 사자. 공포의 이빨. 무법자. 살인마.
주 활동 무대: 열대 지방과 온대 지방의 바다 전역.
신체 특징: 길이 6m, 몸무게 3톤, 이빨 길이 12cm.
범행 사실: 연간 약 100명의 사람을 물어 죽임.
주특기: 1.6km 밖에서도 피 냄새를 맡을 수 있음.

뇌의 2/3가 냄새 맡는 데 사용된다니, 냄새를 잘 맡는 건 당연. 일단 냄새를 맡으면 놈은 빠른 속도로 슬그머니 다가온다. 그리고 여러분이 시야에 들어오면 아가리를 쩍 벌리고, 눈은 보호하기 위해서 뒤집는다. 그런 다음, 여러분의 몸에 날카로운 이빨을 꽂는다.

무기: 이빨. 약 3000개가 여러 줄로 늘어서 있다. 한 줄의 이빨이 닳으면 뒷줄에 있던 이빨이 앞으로 밀고 나온다.

경고!
끔찍한 무기로 무장하고 있는 위험한 녀석이니
절대로 가까이 다가가지 말 것!

분명히 경고했음……

백상아리를 식별하는 방법

- 유별나게 뾰족한 꼬리
- 유별나게 뾰족한 지느러미
- 음침한 검은 눈
- 크고 날카로운 이빨
- 유별나게 뾰족한 코
- 더 많은 이빨!
- 뒤쪽에 대기하고 있는 훨씬 더 많은 이빨. 더 많은 이빨은 이미 앞에 나왔으므로!
- 유별나게 뾰족한 몸
- 회색 피부— 이름과는 다르잖아!

상어에게 물리지 않는 열 가지 방법

1. 줄무늬 수영복을 입어라. 재수가 좋으면, 상어는 여러분을 무서운 줄무늬 바다뱀으로 착각하고 건드리지 않을 것이다.

2. 녹슬지 않는 강철로 만든 특수 수영복을 입어라. 일명 넵튠 옷(neptunic)이라는 이 옷은 수천 개의 금속 고리로 만들어졌

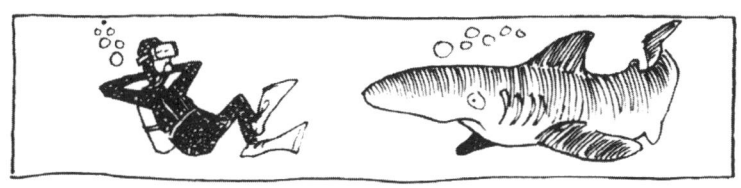

다. 몸에 멍은 좀 들더라도 이빨에 물리지는 않을 것이다.

3. 몸에 조그마한 상처라도 있다면 바다에 가지 말 것. 상어는 피 냄새를 맡는 데 귀신이니까!

4. 규칙적인 몸놀림으로 힘차게 수영하라. 비실비실하게 수영하면, 상어는 여러분이 다친 줄 알고 잡아먹으려 들 것이다.

5. 상어를 놀라게 한다. 마구 물장구를 치며 소리를 질러라. 효과는 장담할 수 없지만, 가만히 앉아서 당하는 것보단 낫잖아?

6. 혼자 수영하지 말 것. 상어는 여럿이 있는 걸 싫어한다.

7. 만약에 상어가 쫓아 오고 있다면, 재빨리 방향을 틀어서 따돌려라. 상어는 생각처럼 날쌔지 않다.

8. 밤이나 새벽 또는 땅거미가 질 때 수영하지 말 것. 상어들이 돌아다니는 시간이니까.

9. 배를 타고 있을 경우에는 멀미를 하지 말 것. 토한 음식물의 냄새(그리고 맛)는 상어를 흥분하게 만든다.

10. 마지막으로, 여성에게 좋은 소식 한 가지! 상어는 여자보다 남자를 공격할 확률이 13배나 높다!

그러나 큰 녀석들만 조심한다고 해서 안전한 것은 아니다. 바닷속에는 크기는 작지만 촉수에 무서운 독을 감추고 있는 녀석들도 많다…….

지구촌 일보
'어부들의 친구' 코너
무엇이든 물어 보세요
성심성의껏 대답해 드립니다

어부 아저씨(또는 아주머니께)
안녕하세요? 어부들의 믿음직스런 친구, 프레드입니다.
또 1주일이 별 탈 없이 지나갔군요. 지난 주엔 제 우편함에 불이 났어요. 가능한 한 많은 편지에 답하도록 노력할게요. 하지만, 답장이 가지 않더라도 용서해 주세요.
솔직히 요즘 제가 심해에 사는 유자포동물* 때문에 정신이 없거든요. 글쎄, 그놈들이 제 앞에서 잔꾀를 부리지 뭐예요? 그건 그렇고, 본론으로 들어가 볼까요?

프레드에게
누가 제게 청자고둥을 크리스마스 선물로 줬는데, 길들이기가 너무 힘들어요. 어쩌면 좋죠?

프레드의 답장: 이런! 된통 걸리셨군요. 지금 길들이는 게 문제가 아니에요. 고 깜찍한 녀석은 누가 성가시게 구는 걸

* 대충 설명하자면, 말미잘과 해파리처럼 해저 3000~4000 m에 사는 바다 생물을 말한다.

싫어해요. 고둥을 집을 때에는 조심하세요. 작살처럼 생긴 이빨에서 치명적인 독이 나오니까요. 그렇게 되면 그 녀석을 길들일 시간도 없을 거예요. 단 몇 분 뒤면 걷지도 말하지도 숨쉬지도 못하게 될 테니까요. 그리고 몇 시간 뒤엔 죽을 수도 있어요. 걱정이군요. 저라면 당장 가게에 가서 무르겠어요.

프레드에게
우리 형이 자기 운동복을 몰래 입으면, 내 콜라에 문어 먹물을 집어 넣겠대요. 그게 겁먹을 일인가요?
(추신: 내가 편지 썼다고 부모님께 이르지 마세요. 부모님은 제가 지금 지리 숙제를 하고 있는 줄 알거든요.)

프레드의 답장: 요즘 애들은 못 말리겠군요. 내가 어릴 때하곤 딴판이에요. 좋아요, 이번 한 번만 모른 척해 주죠. 그런데 질문이 뭐였죠? 아, 맞아, 그건 문어의 종류에 따라서 틀려요. 만약에 형이 파란고리문어를 사용한다면 큰일이에요. 그 작은 문어가 1년에 죽이는 사람 수는 식인 상어가 죽이는 것보다 많답니다. 특히, 먹물의 독이 치명적이죠. 내가 독자라면 차라리 용돈을 털어서 운동복을 사 입겠어요.

★ 애독자 사은 잔치 ★

금주의 최우수 편지로 선택되신 분께는 하루 동안 프레드의 보트 '달리는 조개' 호를 탈 권리를 드립니다(멀미를 하는 분께는 대신에 프레드의 사인이 담긴 사진을 드리지요).

프레드에게
만약 누가(절대로 내가 아님) 어떤 사람을 살해하려고 한다면(물론 그럴 리야 없겠죠), 바다에서 구할 만한 게 없을까요?

프레드의 답장 : 음, 생각 좀 해 봅시다. 어째 좀 구린내가 풍기는 질문이군요. 고깔해파리가 어떨까요? 저도 우연히 알게 됐는데, 그 놈들 독성은 끝내 주더군요. 예전에 어디선가 읽은 기억이 있는데, 실제로 고깔해파리를 이용한 살인 사건이 있었대요. 놈을 수프로 만들어 먹였다나요? 하지만, 희생자의 위장이 너무 튼튼해서 죽진 않았다더군요. 그게 어려울 것 같으면 그냥 상어 밥으로 던져 버리세요.

프레드에게
바위와 물고기를 구별 못 하겠어요. 도와 주세요.

프레드의 답장 : 그 심정 이해합니다. 정말 구별하기 힘들죠? 원래 바위는 바위처럼, 물고기는 물고기처럼 보여야 정상이겠죠. 하지만, 아주 불쾌한 예외가 있답니다. 양볼락이라는 물고기는 생김새나 행동이 바위와 똑같아요. 그러나 누가 밟으면, 무시무시한 독이 있는 가시로 찌른답니다. 아무리 비명을 질러도 소용 없어요. 생전 처음 느끼는 고통에 뒹굴다가 결국에는 죽게 되죠. 빨리 죽는 것도 운이 좋을 때 이야기죠. 내가 독자라면 조심, 또 조심하겠어요.

프레드에게
어제 가오리를 밟았는데, 다리가 파랗고 울퉁불퉁하게 변했어요. 이게 없어질까요?

프레드의 답장 : 아마 그럴 거예요. 하지만, 꼭 의사에게 가 보도록 하세요. 가오리 꼬리 끝에 있는 뾰족한 가시엔 독이 있어요. 도대체 어쩌다가 놈을 자극한 거예요? 놈이 그렇게 화가 난 걸 보면 아주 몹쓸 장난을 쳤나 보군요. 가오리

> 는 원래 조용하게 살고 싶어하는 놈이거든요. 그건 그렇고, 그 가시 아직도 갖고 있나요? 그렇다면 편지 봉투 여는 칼로 재활용하세요. 그렇게 하는 사람들이 있대요.

> 프레드에게
> 친구들하고 바다에 사는 생물 중 가장 위험한 것이 뭘까 하고 내기를 했어요. 그런데 도무지 답을 모르겠어요. 제가 다랑어라고 하니까 친구들은 마구 웃는 게 아니겠어요! 프레드가 결론을 내려 주세요.

프레드의 답장 : 다랑어라고요? 농담 마세요. 만약 독자가 작고 맛있는 물고기라면, 다랑어가 무서울 수도 있겠죠. 다랑어의 점심 메뉴로 딱이니까요. 하지만, 가장 위험한 바다 생물은 등해파리예요. 단 몇 분 만에 사람을 죽일 수 있죠. 놈의 촉수에선 독이 나와요(해파리 한 마리에는 사람 60명을 죽일 만큼의 독이 들어 있죠). 그리고 놈은 슬그머니 다니기 때문에 사전에 접근을 알아차리기가 힘듭니다. 이건 저 혼자만의 의견이 아니에요. 아무한테나 물어 보세요.
예를 들면, 평생 동안 이 무시무시한 등해파리를 연구한 두 과학자에게 물어 볼 수 있죠. 두 사람은 연구를 하다가 황천 갈 뻔한 적도 있었대요.

깊은 바닷속의 도살자

1977년 여름, 오스트레일리아의 어느 부두.

과학자들은 부두 끝에 서서 검푸른 바다를 뚫어져라 쳐다보고 있었다. 마침내 그들이 찾던 것이 나타났다. 유령 같은 두 개의 그림자가 조명 아래 아른아른 떠올랐다. 상자처럼 생긴 몸체엔 쭉 뻗어 나온 촉수가 달려 있었다. 이것이 바로 말로만 듣던 키로넥스 플레커리(*Chironex fleckeri* : 라틴어로 '늙고 꼬불꼬불한 손'이라는 뜻), 즉 등해파리의 모습이었다. 등해파리는 바다에서 가장 강한 독을 가진 녀석이다. 기나긴 기다림 끝에 그들은 드디어 놈을 만난 것이다.

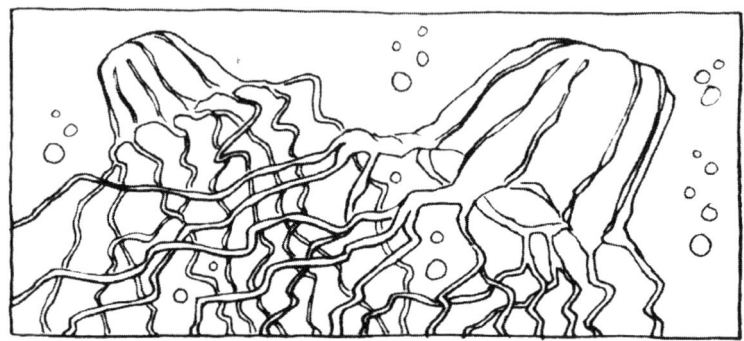

그러나 이 치명적인 해파리를 어떻게 하면 잡을 수 있을까? 녀석에게 한번 쏘이면 생일상 대신 제삿상을 받게 될 것이다. 처음에는 호흡 곤란과 함께 심한 고통이 온다. 그리고는 심장이 멈춘다. 적절한 치료를 받지 않으면 4분 내에 사망한다. 그런 놈들을 도대체 어떻게 잡는단 말인가? 그냥 내버려 두고 덜 위험한 놈들을 연구하는 게 좋지 않을까?

천만에! 오늘 나온 과학자들의 임무는 등해파리를 잡는 것이다(다 자란 등해파리는 네모나고 농구공만한 몸체에 길이가 5m나 되는 촉수가 60개나 달려 있다. 그리고 촉수마다 치명적인 독침이 있다). 과학자들은 만반의 준비를 했다. 우선 온몸을 가렸다. 기다란 바지에 긴팔 옷을 입고 장갑을 낀 다음, 손목에는 끈을 단단히 동여맸다. 그들은 커다란 플라스틱 들통이 매달린 기다란 그물을 던졌다. 처음에는 만사가 계획대로 진행되었다. 과학자들은 그물을 이리저리 움직여 등해파리를 들통 안에 사로잡았다. 그들은 해파리를 물 밖으로 끌어 내기 시작했다. 여기까진 좋았다. 그런데 잠시 후, 사고가 발생했다.

해파리를 잡느라 땀을 뻘뻘 흘린 한 과학자가 윗도리를 벗어 버린 것이다. 정말 엄청난 실수였다. 들통을 끌어올리는 과정에서 요동을 치던 해파리의 촉수 하나가 그의 팔을 스쳤다.

그건 정말 아주 살짝 스친 것이었다. 그러나 그의 팔은 마치 불이 붙은 것 같았다. 팔에 기분 나쁜 붉은 줄이 생겼다. 그리고 그 고통이란! 그건 생전 처음 느껴 보는 끔찍한 고통이었다. 그렇지만 그는 운이 좋았다. 촉수에 찔린 상처가 다행히도 2 cm밖에 안 됐던 것이다. 상처 길이가 3 cm가 넘으면 치명적이다. 그건 정말 생각하고 싶지도 않은 일! 그는 등해파리의 독에 굴복하고 싶은 마음은 추호도 없었고, 다행히도 회복하였다.

과학자들은 등해파리를 실험실로 가져와 자세히 살펴보았다. 그 때까지 어느 누구도 등해파리를 이렇게 가까이서 관찰한 사람은 없었다. 이제 과학자들은 등해파리를 관찰하면서 생활 방식과 번식 방법을 연구할 것이다. 그리고 무엇보다도, 치명적인 독을 조사할 것이다. 그 정보는 사람의 생명을 구하는 데 이용될 것이다.

겁먹지 마라! 등해파리에게 쏘였을 때라도 빠져 나갈 구멍이 있다. 그렇다면 가장 좋은 응급 처치법은 무엇일까?

> 답: b) 가장 좋은 방법이다. 그리고 병원에 빨리 가야 한다. 해파리의 독은 잘 녹는 단백질이라서, 해독제가 몸에 잘 퍼진다. 그러면 독은 쉽게 사라지지만 c)도 괜찮다. 꼭 끼는 타이츠가 손상되지 않아서 쏘일 염려는 없다. 그리고 c)는 수영 선수들이 실제로 쓰는 방법이다. a)는 좋은 방법이 아니다. 식초의 성분이 해파리의 독을 활성화시킬 수도 있다. (오히려 독을 중화시키는 것도 있기는 하다.)

깊은 어둠 속의 세계

대부분의 바다 생물은 등해파리만큼 위험하진 않다. 그러나 그들이 사는 바다는 위험할 수도 있다. 바다 저 깊은 곳에 사는 물고기들을 보면 저절로 머리가 숙여진다.

왜냐 하면, 그 곳은…….

끔찍하게 춥다— 캄캄한 바다 저 아래쪽은 어, 어, 얼어 죽을 것처럼 춥다.

그래서 대부분의 바다 생물은 따뜻하고 햇빛이 잘 드는 수심 200m 위쪽에서 산답니다.

…… 그리고 칠흑같이 캄캄하다— 바다 표면에 도착한 햇빛 중 일부는 반사돼 나가고, 일부는 물 속으로 흡수된다. 그러나

흡수된 빛은 깊은 곳까지 가지 못한다. 그래서 수심 250 m 아래는 칠흑같이 캄캄하다.

뿐만 아니라, 바다 밑은······.
굉장한 수압이 짓누른다— 수면에서 깊이 들어갈수록 물의 무게가 더 심하게 여러분을 짓누른다. 10 m 내려갈 때마다 압력은 1 cm²당 1 kg씩 증가한다. 그러다간 짜부라지고 만다!
······ **그리고 외롭다**— 수면에서 1 km 이상 내려가면 친구들의 얼굴을 찾아보기 힘들다.

그리고 실제로 바다 밑은······.
아주 위험하다— 바다 밑에는 먹이가 별로 없으므로 늘 등 뒤를 조심해야 한다. 깊은 바다에 사는 생물들은 벌레도 먹고, 갑각류도 먹고, 씹을 수 있는 것은 뭐든지 먹는다. 녀석들은 식물이나 바다 위에서 떠내려온 동물의 시체를 먹기도 한다. 물론 거기까지 떠내려오려면 시간이 좀 걸리겠지만······.

이 모든 사실에도 불구하고 그래도 "내 집이 최고야!"를 외치며 깊은 바다에서 사는 생물들이 있다. 도대체 그런 곳에서 어떻게 사느냐고? 그건 심해 아귀에게 물어 보자······.

전등: 그래, 전등이 아니면 컴컴한 바닷속에서 어떻게 앞을 보겠어? 아귀의 입에 낚싯대처럼 생긴 긴 지느러미가 달려 있고, 그 지느러미 끝에 전등이 달려 있는데, 실은 전등이 아니라 작은 발광 세균 수백만 마리가 모여 있는 것이다. 아귀의 전등은 미끼로도 사용된다. 작은 물고기들이 이 빛을 먹이로 착각하고 다가오면 그냥 아귀의 입 속으로 들어가는 것이다.

큰 입 : 큰 입에 뒤쪽으로 구부러진 이빨이 나 있다. 왜냐고? 먹이가 안심하고 들어오도록 하기 위해서지. 그런 다음, 이빨들이 갑자기 튀어나가면서 감옥 창살처럼 쾅 닫힌다. 그러면 먹이는 꼼짝없이 갇히겠지?

뚱뚱한 몸 : 아귀는 다른 물고기들처럼 유선형의 몸을 가지고 있지 않다. 먹이를 잡기 위해서 수영을 할 필요가 없으니까. 사실, 아귀는 아주 게으른 녀석이다. 어떤 때에는 하루 종일 바다 밑바닥에 머물면서 입을 벌리고 먹이가 오기만을 기다린다!

그러나 어둠 속에서 앞을 볼 수 있는 물고기는 아귀뿐만이 아니다……

심해 물고기들은 어떻게 빛을 낼까?

1. 심해 물고기 중 절반 이상은 전등을 갖고 있다. 어떤 녀석들은 몸 속의 화학 작용을 이용해서 불을 밝히고, 어떤 녀석들은 세균을 이용한다.

2. 그렇다면 그 빛은 대체 어디에 쓰는 걸까?

a 먹이를 찾기 위해서
b 짝을 찾기 위해서
c 길을 밝히기 위해서
d 적에게 겁을 주기 위해서
e 서로 대화를 나누기 위해서

답 : 모두 정답

3. 발광금눈돔의 전등은 양쪽 눈 아래에 있는데, 녀석들은 피부 덮개로 커튼처럼 전등을 덮어서 불을 끌 수 있다. 그러면 적을 헷갈리게 할 수 있다. 발광금눈돔의 전등은 작은 방을 밝

힐 수 있을 정도로 밝다. 뿐만 아니라, 녀석들이 죽은 후에도 희미한 빛이 계속 나온다.

4. 반짝반짝 불가사리! 일부 불가사리들은 적이 다가오면, 자신은 맛이 없다는 경고로 녹색이나 푸른색 빛을 발한다.

5. 작은 반디오징어는 빛을 이용해서 위장을 하거나 짝을 찾는다. 녀석들은 적이 나타나면 빛이 나는 푸른 먹물을 발사한 뒤, 그 틈을 타 도망친다. 일본 어부들은 그 먹물을 낚시 미끼로 사용하기도 한다.

> **★ 요건 몰랐을걸!**
> 제2차 세계 대전 중에 한 일본 선원이 전기를 절약하는 방법을 생각해 냈는데, 그것은 바로 갑각류에서 추출한 발광 세균을 손에 문지르는 방법이었다. 거기서 나오는 빛으로 일급 비밀 서류를 충분히 읽을 수 있을 정도였다. 그러나 적선의 출현을 알리는 비상등을 켜기에는 역부족이었다.

확실한 무장만이 살 길

깊은 바닷속은 먹고 먹히는 살벌한 세상! 잡아먹지 못하면 잡아먹힌다. 때문에 많은 바다 생물들이 침, 날카로운 이빨, 가시, 독 등으로 무장하고 있다. 그런데 어떤 녀석들은 아주 교활한 무기를 가지고 있다. 다음에 아주 교묘한 비밀 무기를 감추고 있는 녀석들을 소개한다…….

바닷속의 총잡이 딱총새우는 가까이 있는 먹이를 노린다. 우선 조준을 잘 한 다음…… 발사! 발사란, 오른쪽 집게발을 탁 쳐서 딱총 소리를 내는 것. 이 때, 발생한 충격파가 물 속으로 전달되면 먹이가 공포에 질리게 되고, 그 틈을 타 딱총새우는 재빨리 다가가 먹이를 죽인다. 어쨌든 백발백중이지.

찌르기의 명수 니들피시(needlefish : 갈치의 일종)는 몸이 아주 길고 가느다란데, 건드렸다가는 톡톡히 당한다. 미국에서는 한 선원이 바늘 같은 니들피시의 부리에 찍혀서 뱃전에 다리가 콕 박힌 적도 있었다.

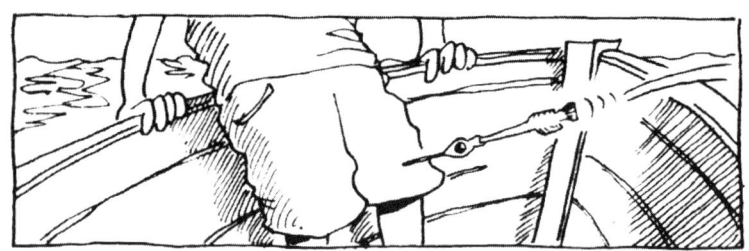

독물 재활용 해삼은 자신을 보호할 수 있는 무기가 없다. 그래서 녀석들은 독침이 있는 말미잘을 꿀꺽 삼킨 다음, 그걸 이용해서 몸을 보호한다. 해삼의 몸 속으로 들어간 말미잘의 침은 해삼의 껍질 바로 밑에 머문다. 굶주린 물고기들이 해삼의 몸에 닿으면 그 침에 찔리게 된다. 아야!

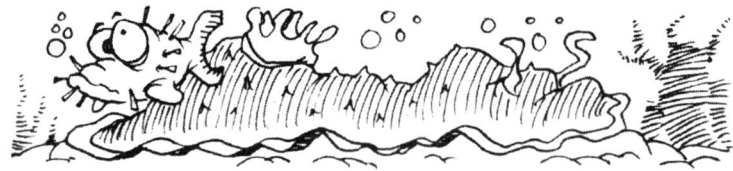

공포의 전기 무기 검은전기가오리는 (머리에서 만들어지는)

무서운 전기로 먹이와 적을 공포에 떨게 한다. 한번은 영국의 한 어부가 전기가오리를 생포해서 전시한 적이 있었다. 그 어부는 구경꾼들에게 돈을 걸고 가오리의 무게를 알아맞히는 내기를 걸어 부자가 되었다. 어느 누구도 무게를 가늠할 만큼 오랫동안 가오리를 안고 있을 수 없었기 때문!

비무장 불가사리의 묘기

불가사리는 적을 혼란시키기 위해 팔 한두 개를 떼 버리고 달아난다. 뭐 그런 게 다 있냐고? 다음 문제들을 통해 불가사리의 요상한 삶을 살펴보자.

1. 불가사리는 팔을 40개까지 가질 수 있다. 참/거짓
2. 불가사리는 머리가 없다. 참/거짓
3. 이제까지 발견된 불가사리 중 가장 큰 것은 쓰레기통 뚜껑만한 크기였다. 참/거짓
4. 불가사리는 평생 연체동물의 목을 조르며 산다. 참/거짓
5. 불가사리는 식사 예절이 형편 없다. 참/거짓

답:

1. 참. 불가사리의 팔은 때로(예 베이기 때문에) 잃지만 평범한 불가사리가 다시 자란다. 더 신기한 것은, 팔 하나에서라도 새로운 불가사리가 생긴다는 사실이다. (그렇지만 1~2년이 걸린다.) 쿨롬 팔이 끊기고 죽는 불가사리도 있다. 일반 불가사리의 팔은 5~6개이지만, 어떤 불가사리는 47개쯤 인기도 한다. 아무도 왜 그런지 40개나 쓰기 때문.

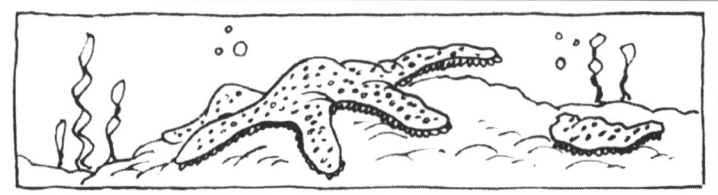

2. 참. 그러나 눈은 팔 끝에 달려 있다. 머리가 없기 때문에 뇌는 없다! 불가사리의 신체는 입과 위로 된 몸통에 팔(또는 다리)이 달려 있는 것이 전부.

3. 거짓. 가장 큰 불가사리는 쓰레기통 뚜껑의 2배 크기였다! 녀석은 팔을 포함한 전체 몸길이가 1.5 m나 되었다. 그렇지만 몸통은 지름이 2.5 cm밖에 되지 않았다. 한편, 세상에서 가장 작은 불가사리는 몸길이가 겨우 5 mm였다. 엄지 손톱 위에 올려놓으면 딱 맞는 크기이다.

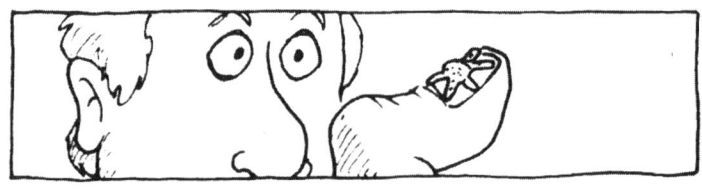

4. 참. 불가사리의 팔에는 관족(管足)이라는 작은 빨판이 일렬로 달려 있다. 불가사리는 먹이를 사냥할 때 관족이 달린 팔로 단단히 쥔다. 그렇게 찰싹 달라붙어 연체동물을 항복시킨 뒤, 꿀꺽하는 것이다.

5. 참. 가시관불가사리는 특히 심하다. 녀석은 산호 조각을 먹을 때, 일단 산호에 위를 토해 내어 몸 밖에서 산호를 소화시킨 다음, 다시 위를 몸 안으로 집어넣는다. 정말 역겹지? 아무렇지 않다면, 이건 어때? 가시관불가사리는 유일하게 독이 있는 불가사리인데, 바늘처럼 뾰족한 돌기로 적을 찌른다. 지금도 녀석들은 오스트레일리아의 그레이트배리어리프 지역에서 어슬렁거리고 있다.

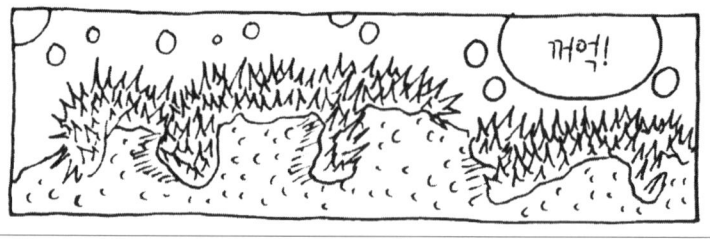

불가사리만을 탓할 수는 없는 일이다. 사실, 예쁘든 못생겼든, 가시가 있든 독이 있든 간에, 모든 바다 생물들이 가장 무서워하는 게 있다. 무지무지하게 덩치가 큰 놈들까지도 말이다. 바다 생물의 가장 큰 적인 그 녀석은 바다 생물이 아니다. 그 녀석의 이름만 들어도, 그 녀석의 그림자만 비쳐도, 모든 바다 생물들은 공포에 부들부들 떤다. 누군지 알아맞혀 볼래?

바다가 시름시름

사람들은 오랫동안 바다를 거대한 쓰레기장으로 사용해 왔다. 사실이다! 바다는 엄청나게 넓어서, 쓰레기를 좀 버려도 표도 안 날 것이라고들 생각했으니까. 그러나 매년 260억 톤의 쓰레기와 하수, 공장 폐기물, 기름, 심지어는 방사능 폐기물까지 바다에 버려지고 있다. 그 모든 것이 바닷속 어딘가에 쌓일 것이니, 바다가 시름시름 앓는 건 당연하다. 바다가 오염되면, 바다에 사는 동물과 식물도 치명적인 피해를 입는다. 그 피해는 결국 사람들에게로 돌아온다. 우리는 쓰레기를 바다에 버리는 대가로 아름다운 바다를 잃어 가고 있다.

위기에 처한 산호초

현란한 색을 자랑하는 생명체를 만나고 싶다면, 산호초를 찾아가 보라. 산호초는 섬처럼 커다랗게 자라기도 하지만, 그 산호초를 만드는 것은 개미보다 작은 생물이다. 그런데 지금 그들이 죽어 가고 있다. 이미 10%의 산호초가 지구상에서 사라졌고, 60%의 산호초가 중병을 앓고 있다. 산호초 따위야 좀 없어지면 어떠냐고? 그렇다면 다음 문제들을 풀어 보라. 그리고 부모님과 선생님에게도 풀어 보게 하자.

산호에 관한 수수께끼

1. 산호는 도대체 무엇으로 만들어졌을까?
   a) 바위
   b) 동물
   c) 식물

2. 다음 생물 중 산호초에서 사는 것은 몇 종류나 될까?
   a) 쏠배감펭
   b) 대합
   c) 곰치
   d) 흰동가리
   e) 나비고기
   f) 갯나리
   g) 산호초상어
   h) 비늘돔
   i) 바다뱀
   j) 갯민숭달팽이류

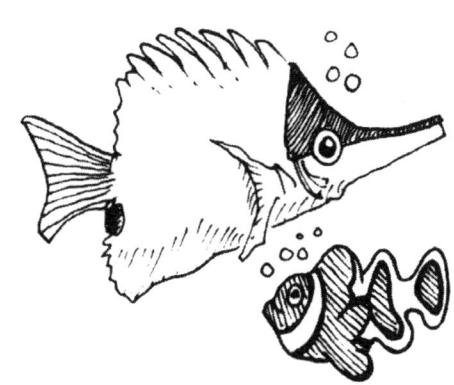

3. 비늘돔은 도대체 어디에서 잘까?
   a) 바다 밑바닥
   b) 산호초
   c) 침낭 속

4. 산호초는 얼마나 빨리 자랄까?
   a) 1년에 약 5 mm
   b) 1년에 약 2.5 cm
   c) 1년에 약 1 km

5. 대부분의 산호초가 자라고 있는 곳은?

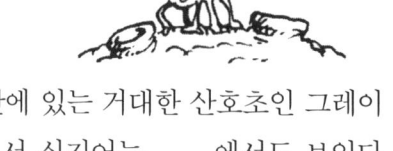

   a) 태평양
   b) 대서양
   c) 인도양

6. 오스트레일리아 북동 연안에 있는 거대한 산호초인 그레이트배리어리프는 굉장히 커서 심지어는 ____에서도 보인다고 한다. ____은 어디일까?

   a) 달
   b) 뉴질랜드
   c) 오스트레일리아 남서쪽

7. 다음 중 산호로 만들 수 있는 것은?

   a) 이빨
   b) 눈
   c) 뼈

8. 환초(環礁)란, 도대체 뭘까?

   a) 산호섬
   b) 산호 물고기
   c) 환상적으로 생긴 산호 조각

9. 다음 중 산호초가 위기에 처한 원인은?

   a) 수집가들 때문에
   b) 유전 탐사 때문에
   c) 오염 때문에
   d) 어선 때문에
   e) 육지의 나무를 자꾸 베어서

10. 산호를 구하려면 어떻게 해야 할까?

   a) 산호를 파내서 다른 곳으로 옮긴다.
   b) 산호가 있는 곳을 해양 공원으로 만든다.
   c) 산호 주위에 유리관을 씌운다.

답:

1. b) 옛날 과학자들은 산호가 식물이라고 생각했다. 그러나 산호초는 해파리와 말미잘의 가까운 친척인 폴립(polyp)이라는 작은 동물에 의해 만들어진다. 폴립은 수억 마리가 집단을 이루어 산다. 사실, 산호는 폴립이 부드럽고 연약한 몸을 보호하기 위해 바닷물 속의 화학물질을 이용해 만드는, 돌처럼 딱딱한 껍질이다. 산호초의 대부분은 속이 빈 흰색 껍질로 이루어져 있다(그 속의 폴립은 오래 전에 죽었기 때문). 그렇지만 현란한 색채를 자랑하는 꼭대기층은 늘 생생하게 살아 있다.

2. 전부 정답이다. 산호초는 생명의 보고(寶庫)이다. 산호초는 그 안에 아주 많은 생물이 살고 있어서 바다의 동물원이라 불린다. 산호초에는 전세계 어종 중 약 1/3이 다른 생물들과 어울려 살고 있다. 뭐라고? 갯민숭달팽이라는 동물은 처음 들어 봤다고? 그것은 바다에 사는 밝은 색깔의 달팽이들을 말한다. 밝은 색깔은 "저리 가. 난 맛이 없으니까 그냥 내버려 둬!"란 경고이다.

3. c) 비늘돔은 아주 이상한 잠버릇을 갖고 있다. 녀석은 밤이 되면 마치 침낭같이 생긴 끈적끈적한 젤리 풍선을 분 다음, 그 안에 들어가서 잠을 잔다. 아늑한 건 물론이고, 아주 안전한 잠자리이다. 그 안에 있으면, 곰치 같은 적들이 비늘돔의 냄새를 못 맡기 때문이다.

4. b) 산호는 여러분의 손톱과 똑같이 1년에 2.5 cm씩 자란다. 그 속도면 산호초로 자라는 데 수백만 년이 걸린다. 여러분이 병원에 가면

찍는 X선 사진 알지? 과학자들이 그 X선을 이용해서 산호초의 나이를 알아보았다. 즉, 산호 껍질에 미세하게 나 있는 나이테를 찍은 것이다. 산호의 나이테는 1년에 하나씩 생긴다. 오스트레일리아 그레이트 배리어리프의 나이는 적게 잡아도 1800만 살이라고 한다.

5. c) 인도양은 산호초가 자라기에 안성맞춤이기 때문에 전세계의 산호초 중 절반 이상이 인도양에서 자란다(태평양과 대서양에도 없는 건 아니다). 산호는 따뜻하고 햇빛이 잘 비치는 얕은 물을 좋아한다. 해수면이 높아지거나 온도가 내려가면, 산호는 병들어 죽는다. 햇빛은 필수적! 폴립은 작은 식물(조류)과 함께 자라는데, 식물은 산호초를 서로 붙게 해 주는 아교의 역할을 한다. 그런데 햇빛이 비치지 않으면, 이 식물이 영양분을 얻지 못한다. 또한, 물이 더러워도 산호가 잘 자라지 못한다.

6. a) 그레이트배리어리프는 길이가 2000 km가 넘고 그 넓이는 20만 km²가 넘는다(아이슬란드의 2배에 이르는 크기). 이 곳은 세상에서 가장 큰 산호초일 뿐만 아니라, 살아 있는 생물이 만든 구조물 중 가장 큰 것이기도 하다. 물론 사람까지 포함해서 말이다. 와우!

7. b)와 c). 믿거나말거나, 산호로 만든 안와(眼窩 : 눈구멍)와 뼈는 이미 사람에게 이식되었다. 산호야말로 이 방면의 최고 적임자이다. 산호에는 사람의 뼈와 마찬가지로 미세한 구멍이 나 있기 때문이다. 그러나 2500여 종의 산호 중에서 현재 인공 신체 조직을 만드는 데 사용할 수 있는 것은 단 세 종뿐이다. 그 산호들은 남태평양에 살고 있는데, 그 곳의 섬 원주민들은 산호로 집도 짓고, 보석도 만들고, 심지

어는 하수관까지 만든다! 외과 수술을 위해 채취되는 산호는 1년에 차 1대분 정도에 지나지 않는다. 그리고 그 적은 양도 산호가 다치지 않도록 아주 조심스럽게 채취해야 한다.

8. a) 환초(고리 모양의 산호초)가 생기려면, 먼저 화산의 비탈면에 산호초가 자라야 한다. 그리고 수 년 뒤, 화산이 폭발해 바다로 가라앉는다. 그렇지만 산호는 계속 자라서 평화로운 바다에 말굽 모양의 환초, 곧 산호섬이 만들어진다. 태평양은 이러한 산호섬들로 가득 차 있다. 피서 가기엔 더없이 좋은 곳이다!

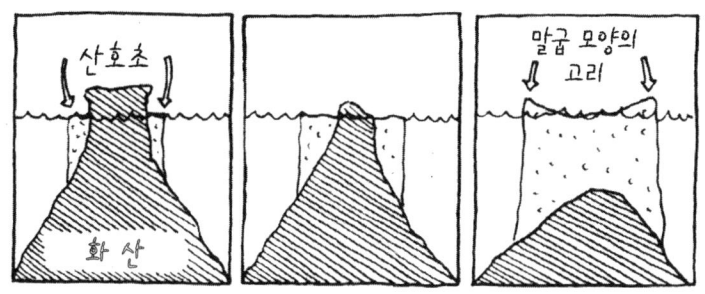

9. 유감이지만, 모두 정답이다. 너무나도 많은 산호가 도둑질당한 뒤에 보석, 장식품, 수족관의 전시물로 만들어지고 있다. 석유를 찾기 위해 터뜨리는 폭발물은 산호를 파괴하고 있다. 뿐만 아니라, 산호는 오염 물질에 중독되고, 육지에서 나무를 마구 베는 바람에 흘러내리는 흙 때문에 질식사하고 있다. 어선은 약간 미묘한 문제가 얽혀 있긴 하다. 수많은 사람들이 산호초에 사는 물고기로 생계를 유지하고 있기 때문이다. 그러나 어선에서 물고기와 조개를 잡으려고 던지는 그물은 산호를 부서뜨릴 수 있다.

10. b) 한 가지 좋은 소식은, 산호초를 그냥 내버려 두면 스스로 회복한다는 것. 몇몇 국가에서는 산호초가 있는 곳을 보호 구역으로 지정하여 밤낮으로 지키고 있다. 관광객과 잠수부가 그 곳을 방문하려면 입장료를 내야 하며, 만에 하나 산호를 집으로 가져가는 사람은 큰 벌을 받는다.

사람들이 버려야 할 나쁜 버릇

　사람들은 정말 고약하기 짝이 없다. 마치 바다를 아프게 하려고 작정한 것같다. 다음에 버려야 할 우리의 나쁜 버릇을 소개한다……

1. 마구 흘려 보낸다

뭘 어쩌길래? : 더러운 하수를 그냥 바다로 흘려 보낸다. 그리고 논밭과 농장에서 나오는 각종 화학 물질과 살충제도 강에다 흘려 보내 바다로 들어가게 한다.

그게 뭐가 나쁜데? : 그렇게 흘러간 하수와 화학 물질을 플랑크톤(아주 작은 식물)이 먹고 점점 크게 자란다. 그러다가 마침내 플랑크톤이 바다 위를 두꺼운 녹색 막으로 뒤덮게 된다. 이 막은 햇빛을 차단시켜 다른 식물이 살지 못하게 한다. 그래서 식물이 죽으면, 세균이 그것을 먹어 치우면서 물 속의 산소를 없앤다. 그러면 물고기와 조개도 숨이 막혀 죽는다.

왜 그만두지 않지? : 세계 인구의 절반이 넘는 사람들이 해안 근처에 살고 있다. 그들에게 쓰레기를 버리는 가장 쉬운 방법은 바로 바다에 쏟아 버리는 것이기 때문.

2. 그냥 누출시킨다

뭘 어쩌길래? : 공장이나 광산, 배에서 수은이나 납처럼 독성이 강한 중금속 물질을 누출시켜 바다로 흘려 보낸다.

그게 뭐가 나쁜데? : 중금속을 물고기가 먹은 뒤, 먹이 사슬을 타고 사람에게까지 치명적인 해를 입힌다. 1950년대에 일본에서는 수많은 사람들이 수은에 중독된 물고기를 먹고 뇌가 손상되는 미나마타병에 걸렸다. 수은은 근처에 있는 화학 공장에서 바다로 새 나간 것이었다.

왜 그만두지 않지? : 공장에서는 자동차에서 음식물에 이르기까지 우리가 일상 생활에서 사용하는 물건들을 만들어 낸다. 그리고 광산에서는 그 원료를 생산한다. 이젠 사람들도 폐기물을 깨끗이 처리하는 방법을 연구하고 있지만, 성과가 너무 더디다.

3. 홀라당 묻어 버린다

뭘 어쩌길래? : 원자력 발전소에서 나온 방사성 폐기물을 콘크리트 통에 담아 바닷속 깊은 곳에 묻어 버린다.

그게 뭐가 나쁜데? : 방사성 폐기물은 엄청난 독성 물질이다. 아무리 콘크리트 통에 담는다 해도, 수천 년의 시간이 흐르기 전에는 절대로 안전하지 않다. 만약 이것이 바다로 흘러들어가면 사람과 바다 생물 모두에게 암과 같은 치명적인 질병을 일으킬 수 있다.

왜 그만두지 않지? : 별다른 대안이 없기 때문이다. 그 폐기물을 땅에 묻는다면, 큰 난리가 날 것이다. 안 보이는 곳에 버리는 게 속 편하다.

4. 풍덩 던져 넣는다

뭘 어쩌길래? : 매년 수백만 톤의 쓰레기(비닐, 병, 기름통, 물통, 깡통, 밧줄 등등)가 바다로 던져진다. 그 중 500만 톤은 배 위에서 직접 바다로 던져 버리는 것이다.

그게 뭐가 나쁜데? : 수많은 바다새와 포유류, 거북, 물고기가 낡은 밧줄이나 그물에 걸려서 빠져 나오려고 발버둥치다가 죽는다. 그리고 밀물이 되면 바닷가로 산더미 같은 쓰레기가 밀려 온다. 자, 이래도 역겹지 않아?

왜 그만두지 않지? : 사람들이 배출하는 쓰레기를 전부 땅에다 묻기엔 너무나 많다. 이미 수십억 톤의 쓰레기가 땅 속에 묻혀 있다. 썩는 쓰레기를 묻는 건 괜찮지만, 플라스틱이나 금속은 몇천 년 동안 썩지 않는다. 근본적으로 쓰레기 양을 줄여야 하고, 그 밖에 플라스틱이나 유리는 재활용해야 한다. 그리고 어부 아저씨들은 다 쓴 밧줄이나 그물을 깨끗하게 거둬 와야 한다. 그렇지 않으면······.

5. 질질 흘린다

뭘 어쩌길래? : 유조선이 돌아다니면서 바다에 수백만 톤의 기름을 질질 흘린다.

그게 뭐가 나쁜데? : 기름이 새의 깃털에 묻으면, 새는 몸을 따뜻하게 하거나 날 수 없게 되어 죽는다. 다른 바다 생물들도 기름을 먹으면 중독이 된다. 흘린 기름을 빨아들이기 위해 사용하는 약품에는 기름보다 더 위험한 성분이 들어 있다. 그 난장판을 청소하려면 몇 년이 걸린다.

왜 그만두지 않지? : 석유가 없으면 세상이 멈춘다. 자동차, 공장, 가정 등에서 석유는 안 쓰이는 데가 없다. 그렇지만 석유는 생태계를 파괴하기도 한다. 정유 회사에서는 좀더 확실하게 책임을 져야 한다(물론 그러려고 애쓰는 회사도 많다). 예를 들면, 기름이 새는 것을 막기 위해 유조선의 외벽을 이중으로 만들기도 한다. 그렇지만 배를 그렇게 만들려면 돈이 많이 든다. 사람들은 기름값이 오르는 걸 싫어하기 때문에 유조선에 돈을 적게 들일 수밖에 없다.

6. 두두두두 뚫는다

뭘 어쩌길래? : 지나다니는 선박뿐만 아니라, 바다 밑바닥에 구멍을 뚫거나 해저에서 신무기를 실험하는 데서 나오는 소음으로 바다를 오염시킨다.

그게 뭐가 나쁜데? : 물 속에서는 음파가 아주 잘 전달된다. 바다 생물 중 상당수는 예민한 청각을 갖고 있기 때문에 큰 피해를 입는다. 여러분이 이런 거실에서 산다고 생각해 보라.

왜 그만두지 않지? : 우리 귀에는 들리지 않으니까, 못 들은 척하는 것이다. 만약 여러분이 막 잠자리에 들려고 하는데, 누군가가 창문 밖 골목에서 드릴로 땅을 파고 있다면 이야기가 달라지겠지. 안 그래?

★ 요건 몰랐을걸!
오늘날 북해는 심하게 오염되어 앞으로 10년 후면 고등어, 대구 등의 물고기가 멸종할 것이라고 한다. 그러니까 생선을 열심히 먹어 두어라. 먹을 수 있는 동안에!

이러니 바다가 아픈 게 당연하지. 여러분이라면 안 아프겠어?

바다가 아파도 우리는 끄떡없을까?

답을 알고 싶은가? 바다가 없어질 경우, 우리가 잃게 될 것 세 가지를 알아보자.

비 바다는 날씨에 중요한 영향을 미친다. 바로 다음과 같이.

1. 태양이 바다를 달구면, 엄청나게 많은 양의 수증기가 바다에서 하늘로 올라간다(눈에 보이진 않지만).

2. 올라간 수증기는 다시 식어서 물로 변한다.

3. 그것이 비가 되어 내린다.

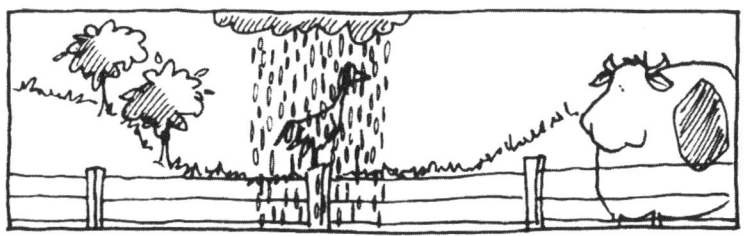

4. 강물이 그 물을 다시 바다로 가져간다.

5. 처음으로 돌아가 다시 반복한다.

여러분은 비가 적게 오길 바라겠지? 그래야 소풍날이 엉망이 되지 않을 테니까. 그러나 다시 생각해 보라. 비가 오지 않으면 식물이 자라지 못하고, 식물이 없으면 먹을 것도 없어진다. 또한, 바다는 열을 흡수하고 방출하는 과정을 통해 열을 골고루 분배하여 지구의 온도를 조절하는 역할도 한다.

필수적인 산소 만약 바다가 없다면, 여러분은 숨도 쉬지 못할 것이다. 바다는 조류(藻類)라는 녹색 식물로 가득 차 있는데, 우리가 숨쉬는 산소의 절반 이상을 조류가 만들어 낸다. 어떻게 만드느냐고? 조류는 먹을 것을 만들기 위해 시장에 갈 필요가 없다. 스스로 자체 내에서 음식을 만들기 때문이다. 조류는 햇빛을 이용해서 이산화탄소와 물을 음식물과 산소로 바꾼다.

참치 샌드위치 지구상의 수많은 사람들은 바다에서 먹을 것을 구하고 있다. 맛있는 참치(원래 정확한 말은 다랑어), 바삭바삭한 갑각류, 씹히는 맛이 그만인 연체동물, 해초, 소금, 기타 등등……. 문제는 너무 많은 물고기를 잡아먹는 바람에 이제 물고기가 얼마 안 남았다는 것! 참치를 예로 들면, 지난 20년간 서대서양에서 참치의 수가 90%나 감소했다고 한다. 먹을 것이 사라져 가고 있는 것이다.

바다를 구하자!

오늘날 바다가 많이 아픈 건 사실이지만, 상황이 생각만큼 나쁜 것은 아니다. 열성적인 보호주의자들의 캠페인 덕분에 사람들은 이제 사태의 심각성을 깨달아 가고 있다. 1997년은 국제적으로 산호초의 해로 지정되었다. 여러분도 산호 한 덩어리를 입양함으로써 산호초를 도울 수 있었을 것이다(여러분이 기를 자신만 있다면, 지금 당장 고래를 입양할 수도 있다!).

1998년은 바다의 해로 지정되었다. 각국 정부들은 관련 법령 정비, 수질 오염 개선, 물고기 남획 금지 등을 요청받았다. 비행기와 배로 인한 오염을 방지하는 국제 협정도 체결되었다. 그리고 바다를 구하는 가장 좋은 방법은 바다의 실상을 널리 알리는 것이라는 데 의견이 모아졌다. 그 성과는 아직 판단하기 이르다. 그렇지만 아직 시간은 있다. 그러니 어서 가까운 바다로 가서 바다와 친구가 되도록 노력하라.

앗, 시리즈 (전 70권)

앗, 이렇게 재미있는 수학이!
어렵고 지루했던 수학이 순식간에 쉽고 즐거워집니다.
수학의 기초 원리에서부터 응용까지, 다양한 정보와
교양을 골라서 일목요연하게 정리해 줍니다.

01 수학이 모두 모여 수군수군
02 수학이 수리수리 마술이
03 수학이 수군수군
04 수학이 또 수군수군
05 수학이 자꾸 수군수군 1. 셈
06 수학이 자꾸 수군수군 2. 분수
07 수학이 자꾸 수군수군 3. 확률
08 수학이 자꾸 수군수군 4. 측정
09 대수와 방정맞은 방정식
10 도형이 도리도리
11 섬뜩섬뜩 삼각법
12 이상야릇 수의 세계
13 수학 공식이 꼬물꼬물
14 수학이 꿈틀꿈틀

앗, 시리즈 (전 70권)

앗, 이렇게 재미있는 과학이!

어렵고 지루했던 과학이 순식간에 쉽고 즐거워집니다.
복잡한 현대 과학의 기초 원리에서부터 응용까지
다루고 있으며, 다양한 정보와 교양을 골라서
일목요연하게 정리해 줍니다.

15 물리가 물렁물렁
16 화학이 화끈화끈
17 우주가 우왕좌왕
18 구석구석 인체 탐험
19 식물이 시끌시끌
20 벌레가 벌렁벌렁
21 동물이 뒹굴뒹굴
22 화산이 왈칵왈칵
23 소리가 슥삭슥삭
24 진화가 진짜진짜
25 꼬르륵 뱃속여행
26 두뇌가 뒤죽박죽
27 번들번들 빛나리
28 전기가 찌릿찌릿
29 과학자는 괴로워?

30 공룡이 용용 죽겠지
31 질병이 지끈지끈
32 지진이 우르쾅쾅
33 오싹오싹 무서운 독
34 에너지가 불끈불끈
35 태양계가 티격태격
36 튼튼탄탄 내 몸 관리
37 똑딱똑딱 시간 여행
38 미생물이 미끌미끌
39 의학이 으악으악
40 노발대발 야생동물
41 뜨끈뜨끈 지구 온난화
42 생각번뜩 아인슈타인
43 과학 천재 아이작 뉴턴
44 소름 돋는 과학 퀴즈

앗, 시리즈 (전 70권)

앗, 이렇게 재미있는 사회·역사가!

어렵고 지루했던 사회·역사가 순식간에 쉽고 즐거워집니다.
사회·역사와 담을 쌓았던 친구들에게 생생한 학습 의욕을
불어넣어 줄, 꼭 필요한 정보와 교양만을 골라서 일목요연하게
정리해 줍니다.

45 바다가 바글바글
46 강물이 꾸물꾸물
47 폭풍이 푸하푸하
48 사막이 바싹바싹
49 높은 산이 아찔아찔
50 호수가 넘실넘실
51 오들오들 남극북극
52 우글우글 열대우림
53 올록볼록 올림픽
54 와글와글 월드컵
55 파고 파헤치는 고고학
56 이왕이면 이집트
57 그럴싸한 그리스

58 모든 길은 로마로
59 아슬아슬 아스텍
60 잉카가 이크이크
61 들썩들썩 석기 시대
62 어두컴컴 중세 시대
63 쿵쿵쾅쾅 제1차 세계 대전
64 쾅쾅탕탕 제2차 세계 대전
65 야심만만 알렉산더
66 위풍당당 엘리자베스 1세
67 위엄가득 빅토리아 여왕
68 비밀의 왕 투탕카멘
69 최강 여왕 클레오파트라
70 만능 천재 레오나르도 다 빈치